北京榜样主题活动五周年
人　物　风　采　录

中共北京市委宣传部
首都精神文明建设委员会办公室

人　民　出　版　社

《平凡中的力量——北京榜样主题活动五周年人物风采录》

编写组

特约编辑　（按姓氏笔画排序）

王秀林　孙　旭　孙毅刚　杜维伟　沈　悦　张　程

张新建　苗玲玲　林郁毅　林春富　赵升云　夏　青

曹志铜　章　培

创意策划　北京艺品联盟文化传媒有限公司

代序一

中宣部授予“北京榜样”优秀群体“时代楷模”称号

（2019 年 2 月 20 日）

为深入推进社会主义核心价值观建设，自 2014 年以来，北京市持续开展北京榜样学习宣传活动，推出了一大批立得住、叫得响、传得开的榜样人物。北京榜样优秀群体，就是这些人物中事迹厚重、影响较大的 50 位年榜荣誉获得者。他们有的勇攀科技高峰，致力关键核心技术自主创新，在重大科技领域实现原创性突破；有的扎根城乡基层，服务一方百姓，办了许多暖民心、解民忧的好事实事；有的身残志坚，以永不言弃的精神拼搏奋斗，在人生的赛场上取得了骄人成绩；有的见义勇为，危急时刻挺身而出，用大无畏的行动保护了国家和他人生命财产安全；有的热心社会公益，积极参加岗位学雷锋和志愿服务，用爱和奉献帮助了群众、温暖了京城。这些源自基层、植根平凡、充满正能量的榜样人物，用实际行动深刻诠释了习近平总书记提出的首都市民“热情开朗、大气开放、积极向上、乐于助人”的优秀品质，生动展示了社会主义核心价值观建设的实际成效。

近一段时间以来，北京榜样优秀群体的先进事迹宣传报道后，在社会上引起热烈反响。广大干部群众认为，北京榜样优秀群体是新时代奋斗者的杰出代表，是美好幸福生活的创造者、守护者。他们在平凡的工作岗位上、普通的日常生活里，默默无闻地引领着新时代社会文明风尚，谱写了伟大的时代赞歌。许多北京市民表示，要向北京榜样优秀群体学习，胸怀大局、无私奉献，积极向上、助人为乐，以平凡的力量筑梦京华，为建设国际一流的和谐宜居之都、建设具有良好社会风气和道德风尚的文明城市，贡献自己的力量。

代序二

中共北京市委关于开展向“北京榜样”优秀群体学习活动的决定

（2018 年 11 月 8 日）

为了深入推进社会主义核心价值观建设，自 2014 年以来，全市持续开展“北京榜样”主题活动，各区、各部门、各单位坚持从社区、村和基层单位做起，层层选树、层层张榜、层层宣传身边榜样，宣传树立了一大批立得住、叫得响、传得开的榜样人物。这些源自基层、植于平凡、凝聚正能量的“北京榜样”，用实际行动对习近平总书记称赞首都市民“热情开朗、大气开放、积极向上、助人为乐”的优秀品质，作出了生动诠释。他们是新时代首都弘扬和践行社会主义核心价值观的先进群体，在平凡的工作岗位上、普通的日常生活里，默默无闻地发挥着美好生活建设者、创新时代领跑者、社会和谐维护者、优秀文化传承者的作用，引领着新时代社会文明风尚，谱写着伟大的时代精神。

为大力弘扬时代新风，培育时代新人，持续建设社会风气和道德风尚最好的城市，市委决定，在全市广泛开展向“北京榜样”优秀群体学习活动。

向“北京榜样”学习，就是要学习他们身上体现的首都市民优秀品质，时刻牢记首都无小事，做到胸怀大局、无私奉献，每逢首都北京举行大事盛事，总是满怀热情、积极参与，以实际行动参与营造热烈祥和、文明和谐的社会氛围，展示大国首都形象。

向“北京榜样”学习，就是要学习他们以执着的坚持、坚定、坚毅，自觉承担起单位、社会和家庭责任，做到助人为乐、见义勇为、诚实守信、敬业奉献、孝老爱亲、勤俭节约、热心公益、自强不息，把日常最平常的“小事儿”做成感动社会的善举，共同推动“善满京城”，为这座城市聚集向上向善的强大力量。

向“北京榜样”学习，就是要学习他们着力涵养“拼搏为美”的奋斗品质，为了首都更加美好的明天，撸起袖子加油干，把奋斗精神融于岗位、融于日常、融于人生。积极参加“周末卫生大扫除”“礼让斑马线”“门前三包”“蓝天行动”“回天有我”等社会服务活动，为有序疏解非首都功能、高水平建设城市副中心、推动京津冀协同发展，建设首都更加美好的明天贡献智慧和力量。

向“北京榜样”学习，就是要学习他们积极弘扬中华优秀传统文化，自觉当好中华优秀传统文化的传承者，为推进全国文化中心建设献策献力，推动优秀传统文化活起来、传下去。继续发扬中华民族优秀传统美德，立足家庭、立足学校、立足社会，热心参与“我们的节日”等文化活动，推动中华传统美德在全社会特别是广大青少年心中落地生根、开花结果。

各区、各部门、各单位要全面贯彻习近平新时代中国特色社会主义思想和党的十九大精神，深入贯彻落实习近平总书记对北京重要讲话精神，培养担当民族复兴大任的时代新人，开展向“北京榜样”优秀群体学习活动，自觉承担起举旗帜、聚民心、育新人、兴文化、展形象的使命任务，推动形成全市干部群众“学榜样 我行动”活动的思想自觉、行动自觉，继续弘扬和践行社会主义核心价值观，促进全市人民在理想信念、价值理念、道德观念上紧紧团结在一起，为建设国际一流的和谐宜居之都、建设社会风气和道德风尚最好的城市提供强大的精神动力和道德支撑。

目 录

2015 北京榜样十大人物

2015 北京榜样特别奖

2015 北京榜样提名奖

北京榜样 2015

2015
北京榜样
十大人物

[助人为乐]　　任士荣

[见义勇为]　　王亚静

[诚实守信]　　肖　英

[诚实守信]　　张　涛

[敬业奉献]　　谢良志

[孝老爱亲]　　任全来

[孝老爱亲]　　周　红

[热心公益]　　郑福来

[热心公益]　　王福昌

[自强不息]　　夏　虹

[助人为乐]

60年演绎快乐的音乐大师——任士荣

任士荣，1935 年生，空政文工团国家一级演奏员。他是新中国手风琴事业泰斗级人物。1996 年退休后，自告奋勇成为一名志愿者，免费教居民拉琴。无论年龄、职业，即使是盲人朋友，只要喜欢音乐，都可以免费跟着他学琴。18 年来，每周两次到社区免费授课。2011 年，获得国际手风琴联盟“中国手风琴终身成就奖”。

手风琴在中国被称为“红色乐器”，既能独奏，又能伴奏，为大众喜闻乐见。手风琴也是普及最广的乐器之一，无论在专业乐坛，还是大众当中，都占据着重要地位。

苦难童年从军学艺

1935 年 12 月，任士荣出生在江苏扬州一个小手工业家庭。童年时代，生活窘迫，任士荣上小学，全靠母亲向邻居借钱。

1943 年，为躲避战火，父亲带着全家逃难到苏北宝应县。当时，院子里住着新四军，他学会了《我为谁来打仗》《你是灯塔》《东方红》等歌曲，受到革命熏陶。

此后，全家又辗转到重庆，13 岁的任士荣到重庆求新服装厂当童工，又苦又累，经常挨打受骂，曾被老板打晕。

1949 年 11 月，刘邓大军解放了重庆，任士荣感到天亮了。赶上二野三兵团文工团招收新学员，14 岁的任士荣欣然前往。他一口气唱了好几首革命歌曲，并顺利通过普通话和简谱测试，很快被录取。

在文工团，任士荣被朱凤平老师的手风琴吸引，他提出要学琴。朱老师见他决心很大，就开始教他拉琴和乐理，还亲自给他抄乐谱。

入朝参战载誉而归

1951 年，任士荣随团到川北朱德总司令的故乡等老革命根据地，慰问老红军和军烈属。通过演出，他的手风琴技艺有了长足进步，为后来成为手风琴演奏家奠定了基础。

1953 年，任士荣参加四川省赴朝慰问团，来到战火纷飞的朝鲜前线。他背着手风琴，钻坑道，上阵地，给浴血奋战的志愿军和朝鲜人民军演奏乐曲。

有一次，任士荣正在山沟里演出，美军飞机钻进来，一阵轰炸扫射，他背着琴躲进树林，险些牺牲。还有一次，慰问团头天住的坑道，第二天就被炸塌了。有几次演出时，敌机来轰炸，舞台都被震动，任士荣仍然拉着欢快的乐曲，泰然大笑着。

任士荣的精彩演奏，受到部队的热烈欢迎。演出期间，他收到几十封感谢信，回国后受到嘉奖。

鲲鹏展翅享誉中外

1955年，任士荣从西南军区歌舞团调到空政歌舞团。他经常下部队演出，跑遍了大江南北，长城内外；祖国大地，到处留下他的琴声。在高原哨所，在戈壁深处，哪怕只有一名战士，他也拉起手风琴，倾情演奏。他的热情和豪迈，让部队官兵深受感动。

长期以来，任士荣还担任毛主席和其他中央首长联欢舞会的首席乐手。

1957年，文化部“中国艺术团”随周恩来总理出访缅甸，任士荣陪同演出，出色完成了任务，回国后被授予“建设社会主义积极分子”光荣称号。同年，任士荣赴沈阳音乐学院进修深造，师从张子敏教授。

1962年，第八届世界青年联欢节在芬兰赫尔辛基举行。任士荣拉着手风琴走上街头，被欢乐的人群围住，一时间人们欢呼，警察敬礼致意。他参加演出的节目，获得4枚金质奖章和1枚银质奖章，受到中国青年代表团团长王照华和团中央的高度称赞。

1963年2月，任士荣参与组织了新中国第一个手风琴学术组织“中国音协手风琴北京组”，同时成立了音协手风琴乐队，被推举为组长。同年7月21日，中国第一台手风琴专场音乐会在北京公演，由任士荣担任指挥，以独奏、重奏、齐奏、小合奏、大合奏演出了中外名曲、轻音乐等，受到了热烈欢迎，连演数场引起轰动。

1965 年，任士荣参加法国举办的国际艺术节，作为领队，他精心策划，编排出了由《红绸舞》《丰收歌》《牧羊女》《艰苦岁月》等舞蹈与合唱、对唱、独唱、手风琴独奏、伴奏组成的综艺晚会。

演出中，当任士荣演奏《怀念延安》《扭起秧歌庆丰收》时，全场轰动，掌声和欢呼声经久不息。法国《费加罗报》《马赛人报》等发表了《中国手风琴家演奏的中国民歌令人惊叹》《中国人以热情征服了马赛》等文章。

中国驻法大使黄镇将演出盛况向周总理做了汇报。回国后，周总理和陈毅副总理在中南海设宴招待了任士荣等，称赞他们是“国际乌兰牧骑演出队”。《人民日报》和全国各大报作了专题报道。

1988 年，任士荣在中央电视台担任《手风琴知识讲座》主讲，并获得了“全国优秀电视讲座节目”奖。

1993 年，任士荣在第一届中国国际手风琴艺术节上发表了题为《为建立中国手风琴学派而奋斗》的学术论文并获得荣誉证书。

1994 年，在中国手风琴艺术节获手风琴演奏“元老杯”荣誉奖。

1995 年，任士荣在第二届中国国际手风琴艺术节上举办了《任士荣中国手风琴作品音乐会》。

2002 年，任士荣和夫人黄倩访问美国，在旧金山多次为旅美华人和外国友人表演手风琴独奏和女高音独唱，受到中外友人的热烈欢迎，并获荣誉奖状。

高风亮节热心公益

1996 年，任士荣退休后，来到海淀区万寿路街道，成为一名义务教员，免费教居民拉琴。无论年龄、职业，即使眼睛看不到琴键和曲谱的盲人朋友，只要喜欢音乐，都可以跟

定期到社区义务授课

获得诸多肯定

着他学琴。

从那时起，每周三、周日上午 9 时到 11 时，任老师都要到社区授课。为了照顾中老年音乐爱好者，每次新来的学员都要从头识谱、打拍子。

任老师将五线谱翻译成简谱，让学员们学起来简单易懂。学琴有的进步快，有的进步慢，任老师从来不烦，坚持因人施教，对新来的学员，经常单个辅导开小灶。

2002 年 6 月，海淀区太平路小学 4 年级学生李庆森，开始跟着任老师学琴，从最基础的指法到乐理知识，仅仅学习 3 年，就在北京市学生艺术节上获得手风琴一等奖。

为金婚夫妇现场表演

北京航空航天大学动力系73岁的刘导治教授，在社区跟着任老师学琴进步很快，他为老教授合唱团伴奏受到欢迎，并获得了北京市老年手风琴比赛一等奖，还随团到俄罗斯演出，一时传为佳话。

学员中，65岁的师文清口吃，认为自己反应迟钝。他跟着任老师学琴后，脑子灵活了，脾气也好了，与家人和睦相处。师先生满意地说："这生活越来越够意思，越来越有味儿了。"

2007年5月，任士荣和夫人黄倩被聘为北京市奥运志愿者协会合唱服务团顾问。任士荣把歌曲《微笑北京》加了合唱声部，并编出手风琴伴奏和独奏曲。

2008 年汶川大地震，任士荣和社区共同组织了一台义演，之后他将善款和手风琴，一并捐给了灾区人民。

夕阳无限心系盲人

任士荣对残疾朋友怀有深厚的感情，特别是盲人，学手风琴看不见，任老师就运用"触摸教学法"，拉着盲人的手一个音符、一个琴键地教；盲人不知道节奏，任老师就扶着

音乐给社区居民的生活增添了更多阳光

他们的脚，帮助打节拍。

在任老师的努力下，盲人陈国越和黎小妹荣登北京电视台、安徽电视台以及中央电视台，进行了精彩的表演。

2011 年，任士荣在第 64 届世界杯手风琴锦标赛（中国 · 上海）系列活动中，荣获北京“鹦鹉手风琴之夜音乐会”优秀演员奖和北京市第四次残联大会授予的扶残助残先进个人称号。同年 10 月，在上海荣获国际手风琴联盟（联合国教科文组织下属组织）主席雷蒙达 · 博戴尔颁发的“中国手风琴终身成就奖”。

2013 年，在“鹦鹉杯”北京手风琴大赛上，出现了一队选手，他们中有一半是盲人。就是这只不被看好的队伍，赢得了评委的赞誉，最终取得了大赛（业余组）金奖。

任士荣，这位中国手风琴界的泰斗，以毕生精力成就了新中国的手风琴事业。他的爱心，像春雨般滋润着盲人朋友的心田，让他们在音乐的世界中感受着阳光。

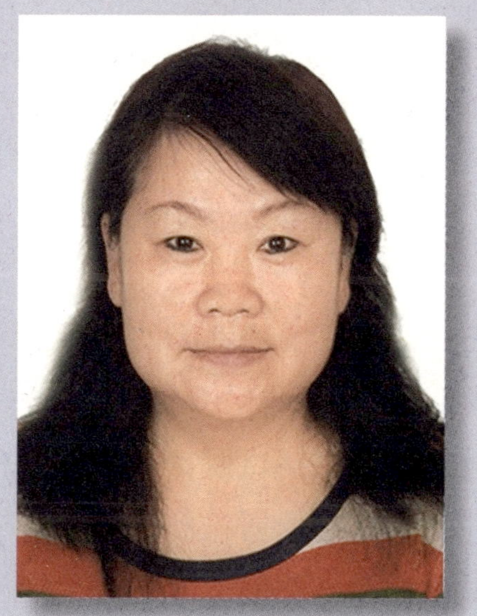

见义勇为　制凶救人——王亚静

王亚静，1967 年生，昌平区小汤山镇讲礼村村民。2014 年 10 月，王亚静和妹妹在逛街时发现一名持刀男子向一位驾车人连刺数刀，她立即跑上前去用力推开持刀人，制止其继续行凶，并开车将腹部伤势严重的受害人送到医院抢救。

徒手面对尖刀　挽救两个家庭

北京榜样 2015

她是一个心地善良有正义感的人，看到不平的事总愿意去管，看到谁有困难总愿意去帮。2014 年 10 月的一天，她和妹妹相约外出逛街，走到尚信村东路口时，突然发现一名男子手持尖刀在拼命追赶一辆由东向西行驶的黑色轿车。就在这时前面发生了堵车，黑色轿车便停了下来。随后，只见持刀男子跑上前去拉开黑色轿车的车门向驾车人连刺数刀。见此情景她立即跑上前去用力推开持刀行凶男子。见有人前来制止，持刀男子便停止了继续行凶。此时，只见受害人下车后跌跌撞撞，手捂腹部，血流不止，不停地哭喊着，请求在场人帮助报警。王亚静当天出门忘带手机无法报警，见受害人伤势严重，她急忙开上受害人的车一路飞奔将受害人送到小汤山医院抢救，到达医院后她借了别人的手机报了警，民警很快赶到现场。由于受害人伤势严重小汤山医院不具备抢救条件，需立即转院救治。为

王亚静

争取时间，在打完急救电话后，她又开着受害人的车，在警车的引导下驶向急救中心。担心受害人昏迷出意外，一路上她不断和受害人大声交谈，使受害人基本处于清醒状态。行至途中急救车赶到，由于受害人伤势过重无法自主上下车，她便帮助医护人员将受害人抬上急救车，送至急救中心。经抢救受害人两天后才脱离了生命危险。后经了解，持刀男子因与受害人平日有矛盾产生报复心理，直到发展为持刀行凶伤人（作案后行凶者于当日投案自首）。由于她在危急关头挺身而出，不顾个人安危制止犯罪行为，抢救他人生命，为挽救他人生命赢得了宝贵的时间，避免了可能导致两个家庭不幸的悲剧发生。她的见义勇为行为得到昌平区民政局的确认。

她是一个敢想敢干的强者，自 2000 年开始，白手起家创办民俗农家院，成为远近闻名的致富能手。虽然在财富上富有了，但她没有忘记自己的社会责任，用自己的行动

工作中

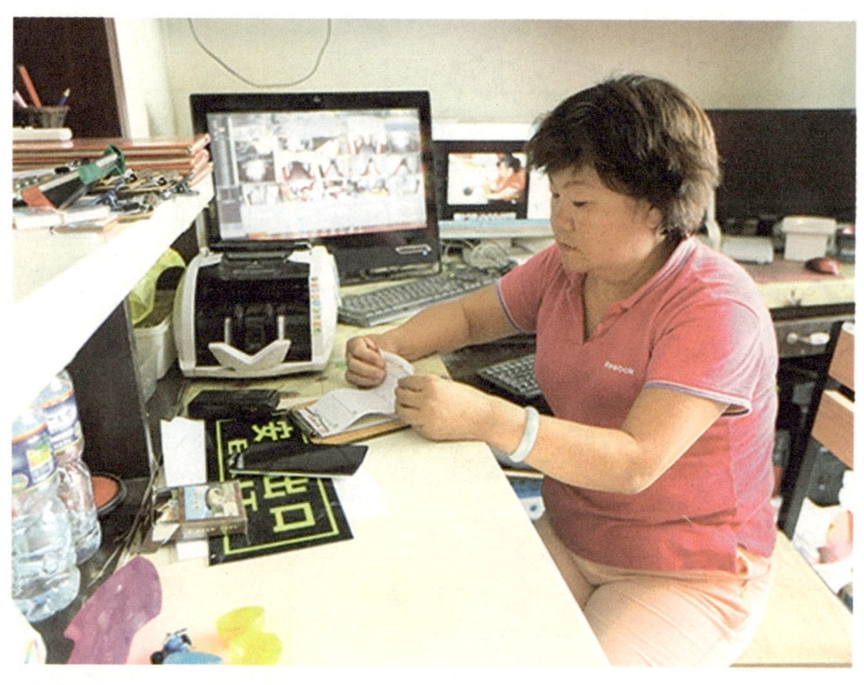

工作中

践行着中华民族的传统美德。她九年如一日地照顾两位无儿无女老人在当地传为佳话。两位老人是一对夫妻，七十多岁，老太太是残疾人，生活上较为艰难。为改善老人的居住环境，她自己出资为老人建了新房子，老人的吃穿用等日常开销她都全部包下来，每当老人生病，她更是忙里忙外，端水送饭，悉心陪护，就像对待自己的亲人一样尽心尽力。她的善举，得到周围群众的好评，昌平媒体曾作过报道。

在她的奋斗历程中记载了许多闪光的篇章。她的见义勇为行为在北京电视台报道过。此外，2008 年 2 月她还荣

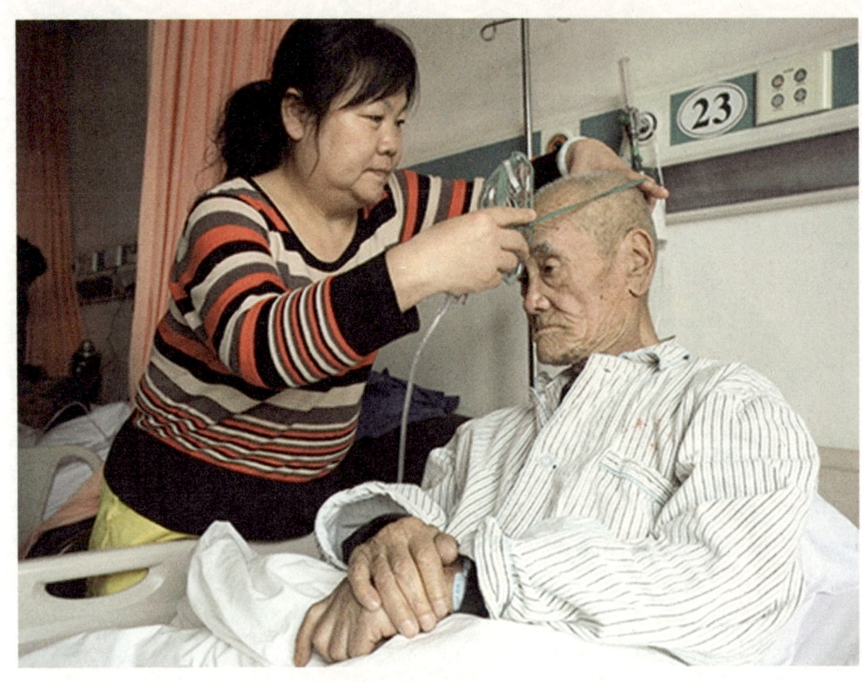

孝顺的侄女，长年照顾二叔、二婶

获 2006—2007 年度北京市三八红旗奖章；2011 年 9 月，参加“我的创业故事”征文演讲活动并荣获“首都巾帼创业先锋”称号。

讲诚信的女总裁——肖英

肖英，1962 年生，北京华冠商业经营股份有限公司副董事长兼总经理、党支部书记。从商三十多年，她信守“诚信为本，服务至上”的理念，持续开展“连锁店铺无假货”活动，投资建立检测室，带头与消协签订《先行赔付有保障协议》，发起成立房山区食品安全企业联盟，带头推行无障碍退换货，赢得了顾客的信任。

肖英从商三十多年，秉持“诚信为本，服务至上”的经营理念，持续开展“连锁店铺无假货”活动，全面完成文明城市商业服务标准达标工作；与供应商、消费者共同打造诚信品牌；投资建立二级检测室，提高了食品安全管控；率先与消费者协会签订《先行赔付有保障协议》；率先发起成立

向顾客介绍产品

检查临期商品

房山区食品安全企业联盟；率先推行无障碍退换货，真正把“购物零风险，售后有保障”落到实处。

本着“让老顾客越来越离不开你”、“让新顾客一下子喜欢上你、黏住你”的服务理念，肖英以“服务创品牌，满意在商业”主题实践活动为载体，全面完成文明城市商业服务标准达标建设工作。首先通过培育商业服务品牌，发挥先进典型带头作用，通过加强服务人员礼仪、文明、诚信、技能等教育，营造了礼貌待客、文明服务、诚信经营、奉献社会的良好风尚。其次对照文明城市商业服务标准，开展对所属各门店服务水平、技能的重点检查、指导、整改，使得华冠公司的诚信经商、文明服务更上一个台阶。房山区奥运培训

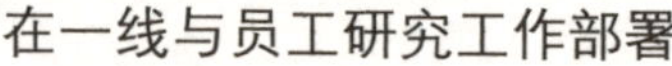
在一线与员工研究工作部署

工作领导小组授予肖英“房山区窗口行业奥运培训先进个人”荣誉称号。

肖英一直倡导把诚信经营、自律机制作为每项工作环节的重中之重，制定了明确的经营诚信准则，明确企业的社会使命和社会责任。实施诚信教育，提高经营诚信水平，建立诚信经商的奖励机制。与供应商、消费者共同打造诚信品牌。华冠以“购物零风险、售后有保障”为座右铭，让百姓能够体验到“华冠无假货、件件都放心”，从质量到价格，从消费到服务，始终站在保护消费者权益的角度，制定了一套完整的服务体系和标准。2003 年率先在北京市与消费者协会签订《先行赔付有保障协议》，保证消费者购物零风险。2013 年 3 月 13 日率先组织成立房山区食品安全企业联盟，3 月 15 日对社会公开承诺“无障碍退换货”。作为区政协委员，她主动走进社区收集信息，召开座谈会，采纳顾客的建议。结合全国“百城万店无假货”活动，开展了“无假冒商标商品场店”和“购物放心店”活动，赢得了消费者的信赖。获得北京市技术质量监督局、工商局授予的“购物放心店”和“无假冒商标示范商场”称号，连续 4 年被北京市工商局“12315”评选为“绿色通道”优秀企业。

作为 2008 年北京奥运火炬手，华冠人感到无比的高兴与自豪，责任随手中的圣火在胸中生腾，振兴龙乡的责任在

参与北京榜样故事 2016 巡讲活动

华冠人心中凝聚。在房山，是肖英带领华冠创造着一个又一个奇迹——最大的零售企业，百姓最信任的企业，发展最快、解决就业最多、吸纳女职工和下岗职工最多的企业。

肖英曾被评为“全国三八红旗手”、“中国杰出创业女性”、“中国母亲援助行动爱心大使”，荣获“北京市三八红旗奖章”和“北京市巾帼建功标兵”、“北京市优秀创业女性先进个人”等荣誉称号。

[诚实守信]

『豌豆女王』的诚信经——张涛

张涛，1974 年生，北京荣涛豌豆产销专业合作社负责人，人称“豌豆女王”。她自 1997 年开始从事豌豆购销，用最低保护价收购，行情不好时宁可自己赔钱，坚持将利润的 90% 全部返利给社员。目前“荣涛”豌豆占据了全国一半豌豆籽种市场，带动京津冀 4000 家农户致富，形成集“科研、制种、推广、种植、加工、销售”于一体的产业链条。

“讲诚信、树品牌、回馈社会”是张涛一直秉承的信念和经营理念。多年来，她凭借着自己的一份执着和努力，最大限度地让利于社员。张涛自 1997 年开始从事豌豆购销，2002 年注册成立北京荣涛农业科技有限公司。为解决本地货源不足、降低购销成本问题，2003 年聘请农科院豌豆专

张涛（右一）与北京农科院专家孙云越（右二）查看田间培育新品种情况

在豌豆种植基地

家在自己承包的80亩试验田上试种。经不断实验，豌豆亩产量从当时的二三百斤增产到了六七百斤。2004年开始在周边村发展种植户，聘请专家到田间地头讲课，跟踪技术指导，公司负责提供籽种和成品回收。通过技术研发和推广，有效提高了豌豆亩产量和亩效益。3月种6月收，下茬种玉米，比一茬玉米亩效益综合提高2000多元。为让群众和自己一样得实惠，2008年张涛注册成立荣涛豌豆产销专业合作社。为带动农户生产积极性，合作社承诺与种植农户签订订单合同，标明回收的最低保护价，实际回收价格实行“保护价＋市场浮动价”，且每年将利润的90%全部返利给社员。可当年市场行情不好，合作社只有几万元的收益，为兑现承诺，张涛把所有收益全部返还给了社员，所有运营成本和管

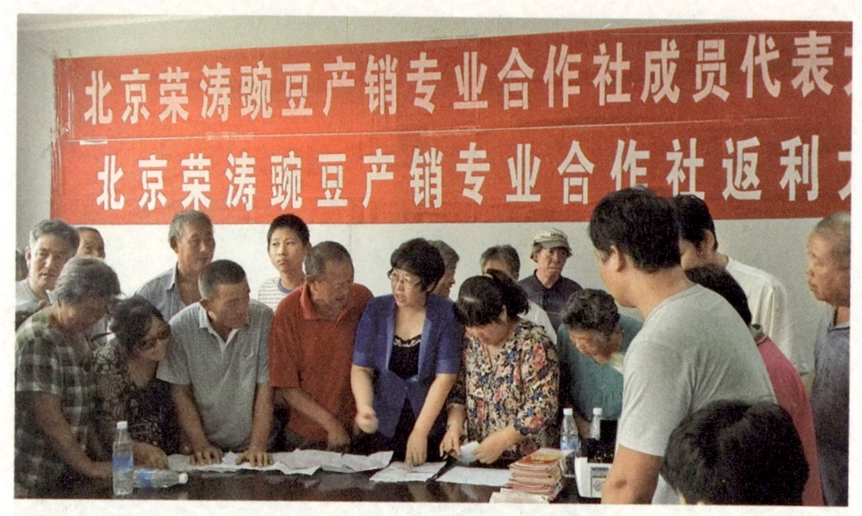

对社员进行返利分红现场

理费用全部由她自己承担。

张涛的诚信感动了大家，同时也坚定了社员对合作社的信心，更多的农民加入了合作社。在大家的努力下，合作社日益发展壮大。2010 年，张涛带领合作社社员投资 650 万元筹建了 1100 平方米的 QS 生产车间，对豌豆进行深加工，不仅提高了豌豆的附加值、扩大了种植面积，还形成了集“科研、制种、推广、种植、加工、销售”于一体的产业链条。合作社注重种植、制种、加工、销售各个环节的管理，实行统一提供籽种、统一种植技术、统一产品包装、统一销售的产销流程，并顺利通过 ISO 9001 质量管理体系认证。张涛注册的“卡超那”休闲食品商标，豌豆酥、蚕豆酥畅销全国各地。目前，合作社发展入社会员 527 户，辐射带动北京市 4 个区县、河北省 7 个市区的种植户 4000 户，种植基地 15

万亩，年销售量突破8000吨，年产值6500万元。社员返利从开始的几万元增长到2014年的700万元。合作社成立以来，共发放分红返利2000多万元，更多的农民通过豌豆种植走上了富裕道路。

张涛坚持诚信经营，凭借自己坚忍不拔的精神和创业梦想，通过合作组织，带领农民将一产农业与二产工业紧密结合，积极促进农民致富增收。2009年合作社荣获“北京市先进合作组织”荣誉称号。张涛曾先后荣获全国农村致富带头人、“中国好人榜”上榜好人、北京市劳动模范、北京市郊区青年致富带头人等荣誉称号，北京市三八红旗奖章、五四

诚信经营，扩建新址，与多年一起奋战的员工合影

青年奖章获得者。面对这些荣誉，她说："回报乡亲、带领社员致富是我从小的梦想，今后我会继续扩大合作社规模带动更多的群众富裕起来！"

[敬业奉献]

重组蛋白药物研制的中国旗帜——谢良志

谢良志，1966 年生，北京义翘神州生物技术有限公司总裁。13 年前，作为病毒疫苗研发和生产专家回国创业。十几年来，潜心建立起一套完整的生物技术研发和产业化体系，改变了我国相关产业的上游产品全部依赖国外的状况，不但打破了国外垄断，还销往全球四十多个国家和地区。在甲流疫情和 H7N9 疫情肆虐时，带领团队用最短时间研发出关键药物，打破了行业纪录。

谢良志几乎已经成为北京海外学人的符号性人物，他是中央第一批“千人计划”人选，他的企业是创新产生裂变的代表——用 4 年的时间完成了国外同类公司二三十年的积累，重组蛋白的速度与能力，在全世界独一无二。

放弃优渥生活毅然回国

2002 年以前，谢良志在美国的生活可以用最俗套的语言来形容：拿着高薪，住着豪宅，人生顺利，事业有成。所以当朋友们听说他离开美国回国创业时都错愕不已。当时，他已经成为美国默克公司病毒疫苗研发和生产领域的专家，开发了 3 个全球上市疫苗产品的生产工艺，领导建立了全球领先的腺病毒载体艾滋病疫苗生产工艺，该工艺目前仍是人用活病毒疫苗全球规模最大的细胞培养和病毒生产工艺。

然而，昔日的同事、时任科技部生物中心主任的刘谦当时给谢良志打了一个电话，他说：“中国现在的生物技术水

在办公室

平发展迅速，可是产业化的工艺技术遇到关键瓶颈，中国最缺像你这样掌握大分子生物药技术产业化的高端人才，而且现在国内的创业条件这么好，你完全可以考虑回国创业。”这次通话后，谢良志几乎没有任何考虑就义无反顾地回了国，很快就在北京经济技术开发区创办了自己的企业——神州细胞。

创立之初为求生存，公司的目标是利用自身的下游产业化核心技术做生物类药物的委托代工生产。但很快谢良志就发现国内当时根本没有好的上游品种，没有需求。很显然，短平快的路走不通了。没办法，他只好沉下心来建立从上游品种创新到下游产业化的全套技术体系，先打基础。这项基础工作他一干就是十几年。

破解难题开展重组蛋白和抗体工具试剂研发

当时因为生物医药技术水平的限制，国内基本上没有新

带领团队从零起步建立了全套技术体系

在实验室

药研发企业，谢良志的公司首先遇到了在国内根本买不到研发工具试剂的难题。比如靶点蛋白和抗体试剂，靠从国外进口要等 2—3 个月，价格也高出 2—3 倍。

怎么办？2008 年春天，谢良志经过反复思考后，决定不能受制于人。他又创办了义翘神州公司，开始进行重组蛋白和抗体工具试剂的研发。

“困难主要来自于行业的瓶颈期。我国生物医药领域与欧美等发达国家相比，起步较晚。不过，相对而言创新速度也较快。中国生物产业初步具备了走国际化道路的条件。但中国为什么缺少世界一流的品牌？大多在于发展战略的浮躁，没有沉下来。要真正做大做强，我们在战略上一定要创新，只要创新才能适应行业的发展。同时，还要耐得住寂寞，踏踏实实，坚持下去。”如同谢良志所介绍，多年来他一直都在一步一个脚印地“打着地基”——经常每天只吃两顿饭，早 8 点上班，晚 8 点下班，回家再干三四个小时，如同上了发条似的“匀速运转”，甚至多次去湖南开会几过父母家门而不入。

慢慢地，公司凭借过硬的技术搭建了包括基因、蛋白、抗体的全套产业技术体系，拥有国际领先的真核细胞快速瞬时表达技术，多个重组蛋白药物的生产工艺领先于国际水平。公司也研制出了 5000 多种重组蛋白和 6000 多种高质量抗体工具试剂，建立起了全球规模最大的重组蛋白工具库，这些高端试剂销往全球四十多个国家，成为全球生命科学基础研究和新药研发的重要支撑。

创新突破助力公司发展

2009 年当甲流疫情肆虐之际，义翘神州仅用 30 天时间便研发出了甲流疫苗所必需的血凝素蛋白，被全世界几十个国家的疾控中心争相购买。2013 年，中国突发 H7N9 禽流感疫情，义翘神州和神州细胞仅用 12 天时间就完成了 H7N9 的血凝素蛋白生产，仅用 6 天筛选出中和抗体，6 天完成抗

在会场

体的人源化研究，仅用 7 个月就完成了原创抗体应急药物的全部临床前研究、1.5 公斤应急抗体药物的 GMP 生产储备及临床申报资料准备。这些奇迹般的数字打破了一个又一个行业纪录。由于坚持自主创新，义翘神州的临床前抗体候选药物生产速度比国外快上了一倍！谢良志强调说：“对于研发技术来说每天都要面对新的情况，你必须得创新，每天都在创新，才有可能发展。”这也是企业牢牢掌控发展主动权的关键。

经过十几年的积累，谢良志创办的企业已经建立起了国际一流的生物技术研发和产业化体系，为中国研制的生物制品进入国际市场奠定了坚实的基础，建立起了全球领先的重组蛋白和抗体候选药物的快速生产技术平台，建立起了国际先进的动物细胞大规模培养工艺技术平台和我国最大的重组蛋白库、抗体库……目前，义翘神州 90% 的市场在海外，和全球十强制药企业的大部分建立了长期合作关系。

而谢良志也开始积极回报社会。义翘神州支持了国内 5000 个国家级的科研项目，包括“863”、“973”计划，重大新药创制专项，重大传染病专项和一些自然科学基金项目。“做药是为人，而不是为利润。”这是谢良志一直反复强调的一句话，而他自己正是凭借着这初衷，为祖国神州的生物医药事业做出了突出的贡献。

[孝老爱亲]

传递心中大爱 传承中华美德——任全来

任全来，1944 年生，石景山区五里坨街道高井社区退休职工。任全来夫妇二十多年如一日，赡养三家六位老人及四个孩子。特别是再婚妻子前夫的父母，与任全来非亲非故，但他仍然不离不弃，让 92 岁的老人安享晚年。二十多年间，每逢周末、节假日，他就三边跑，为几位老人擦身、洗脸、洗脚、剪指甲。每顿饭都要挑老人喜欢吃的做。由于任全来的尽心照料，妻子前公婆不仅获得了生活便利，更是得到了心灵慰藉。

腊月的早晨异常冷，石景山区五里坨街道高井社区退休职工任全来，像往常一样，一大早就带着年货匆匆赶往门头沟。他急着要去照看一位久病在床的92岁老太太。从石景山到门头沟的这段路可不短，已经走了二十多年，但是今天走起来，仍然觉得很慢。

三家六位老人四个孩子

任全来今年69岁。与原配妻子有两个孩子，家庭和睦。后遭遇不幸，妻子去世。

1992年，任全来与现任妻子刘克清再婚后，新家庭遇到了重重困难。一是需要抚养4个孩子，包括自己和前妻的两个孩子以及现任妻子刘克清的前夫去世后留下的两个孩子；二是需要照料6位老人。尤其是现任妻子刘克清的前公婆，因为刘克清前夫是家里唯一的顶梁柱，去世后，留下父母无人照料。

义无反顾赡养妻子前公婆

面对四个孩子、六位老人，任全来夫妇义无反顾，毅然挑起千斤重担。照顾四个孩子，赡养任全来父母、妻子父母、妻子前夫父母，三家六位老人，绝对不是件容易事。但任全来两口子一肩挑，二十多年风雨无阻，该是有着多大的决心和毅力。

这二十多年间，每逢周末、节假日，任全来就三边跑，为几位老人擦身、洗脸、洗脚、剪指甲。每顿饭要问问老人想吃什么，挑喜欢的做。还给老人买这买那，陪老人唠嗑、

给老人喂饭

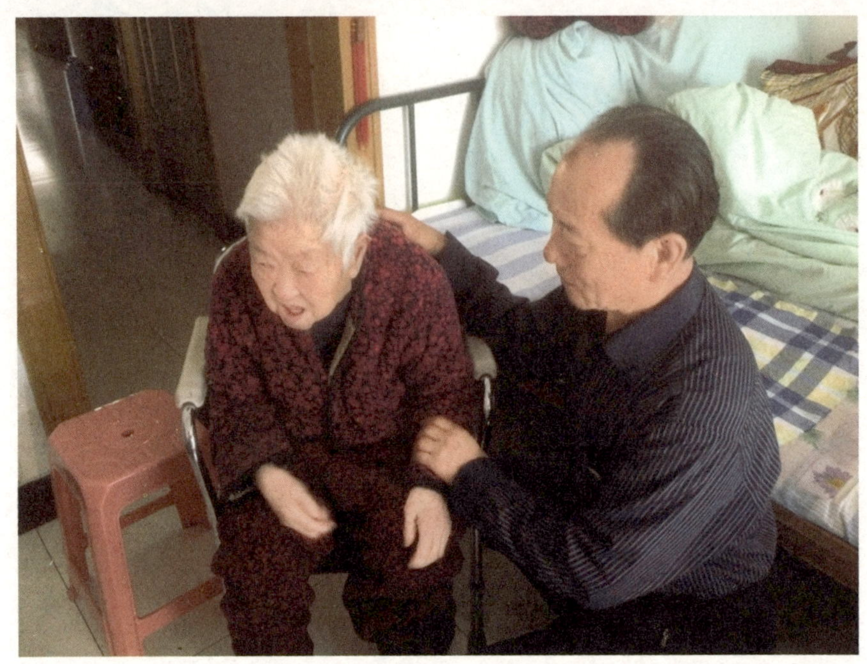

照顾刘克清亡夫母亲

叙家常。

由于任全来的尽心照料，妻子前公婆不仅获得了生活便利，更是得到了心灵慰藉。二位老人感动地说："全来就像我们的第二个孩子，幸亏有了他的精心照料，我们才有今天的幸福生活。"

2013 年，任全来妻子的前婆婆已 92 岁高龄。任全来夫妇仍然时常陪伴在老人左右，或者聊天，或者散步。特别是老人生病住院时，任全来就像亲生儿子一样，穿梭于单位和医院之间，精心陪护，悉心照料。

任全来夫妇的孝心，感动了左邻右舍以及亲朋好友。街坊邻里对他们敬佩有加，赞许他们："平凡的人做出了不平凡的事。"

任全来说："人人都会老，家家有老人，我也会有走不动的那一天，敬老养老是每个人应尽的义务，也是做人的起码准则。"

言传身教传承中华美德

任全来妻子的前公婆，不是任全来的亲生父母，但任全来用对他们的孝心，诠释了中华儿女尊老爱幼的传统美德。

父母是孩子的第一任老师，家庭的影响潜移默化。任全来的孩子们对三家的爷爷、奶奶也都格外关心。现在，每逢周末、节假日，任全来的孩子们经常会来看一看，这让任全来夫妇非常欣慰。

实践证明，国家的稳定，社会的和谐，是建立在一家一户幸福的基础上，只有从自身做起，上传下效，才能把中国尊老爱幼的美德传承下去。

用一生回报养育情——周红

周红，1987 年生，北京江森汽车部件有限公司员工。12 岁时，养父意外严重伤残，两年后养母也患病去世，一边上学，一边坚强地承担起照顾养父和奶奶的责任。因长期用冷水洗衣患上关节炎，也曾为亲生父母的出现感到困扰，但依然选择留下，要用一生来回报养育之恩。

我叫周红，出生在一个普通家庭。和所有的同龄人一样，在父母的百般呵护下，我享受着快乐的童年。然而天有不测风云，谁也没有想到，一次突然飞来的车祸改变了本是幸福家庭的生活方向。

那一年国庆和中秋恰逢同一天，难得的全家欢天喜地团聚的日子，就在这一天，父亲被一次意外的交通事故夺去了双腿。自从父亲出了事，母亲也辞掉工作照顾父亲，家里没了生活来源，仅靠每月200元低保费维持生计。灾难似乎是结伴而来，两年后母亲病倒了，诊断书上赫然的“急性淋巴白血病”几个字给了全家人重棒一击，一个月后母亲去世了。

面对坎坷的人生，十几岁的我好像一下子长大了。也曾埋怨命运的不公，可是面对父亲，想到他含辛茹苦把我拉扯大，此刻我几乎成了他的全部，我必须坚强！我学着像个大人一样洗衣、做饭、收拾屋子和做其他家务活。周六周日同学们放假休息的日子，我却变得更加忙碌。我也曾偷偷在角落哭泣，但从来不敢让父亲看到，因为我知道父亲心疼我，却爱莫能助！都说“穷人家的孩子早当家”，小小的我懂得

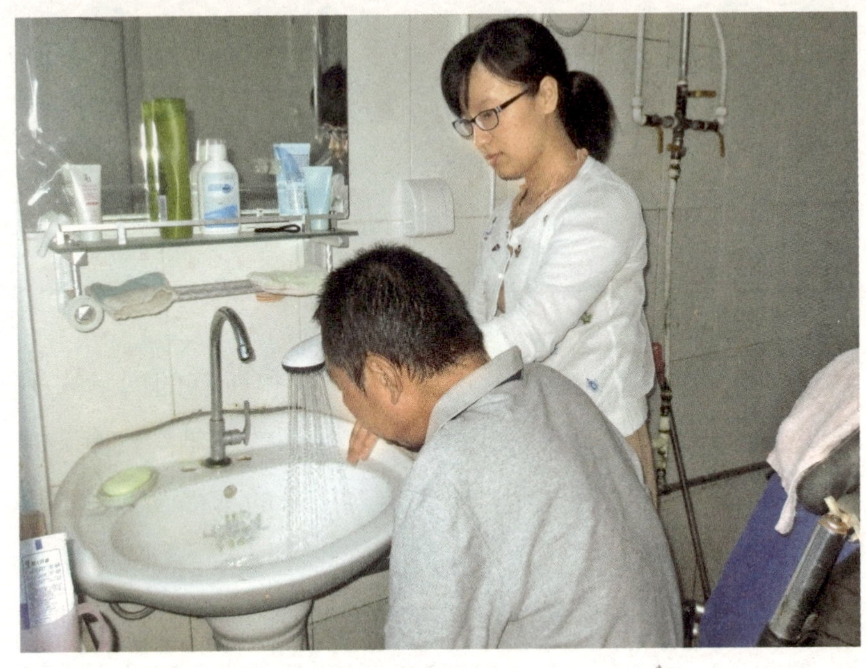

给养父洗头

了必须要学会承担，学会分担。

正当我开始用一个孩子柔弱的肩膀撑起这个家的时候，亲生父母的到来让我不知所措。当年他们想要一个男孩，便将出生两天的我送到了现在的家。面对残疾的父亲和拮据的生活，我毅然决然地选择了留下。因为良知不仅仅要埋在心里，更重要的是落实在行动上。

父亲双腿截肢，左臂残疾，照顾他自己起居已很有难度，更别说再照顾完全无法自理的奶奶。但他对奶奶尽心尽力，孝顺有加，多年如一日地细心照料着年过八旬吃喝拉撒都在床上的奶奶，梳头、洗脸、做饭、喂饭、喂药、翻身、擦身体、倒屎倒尿、陪奶奶聊天。耳濡目染着父亲的一言一行，我被他的爱深深感动。我下定决心一定要像父亲一样敬老爱亲，用我小小的肩膀，给他的天空一片蓝。

我在父亲的指导下，学习煮饭、炖菜、包饺子、包包子、烙馅饼、缝被子、理发、种菜各种生活技能。家里没有洗衣机，每隔一段时间，我都要花一上午的时间把奶奶、父亲和自己的衣服用手洗出来。从小就自己清洗一些小衣物，所以洗衣于我也并不是件难事，但是到了冬天，衣服都是又厚又难洗，为了节约，也还坚持用凉水清洗，直到后来手指肿痛，才意识到原来孩子也是可以有关节炎的。

父亲在轮椅上生活，轮椅就是他的双腿，但这条腿却不能到处走。父亲头发长了，不能去理发店，我就顺理成章地

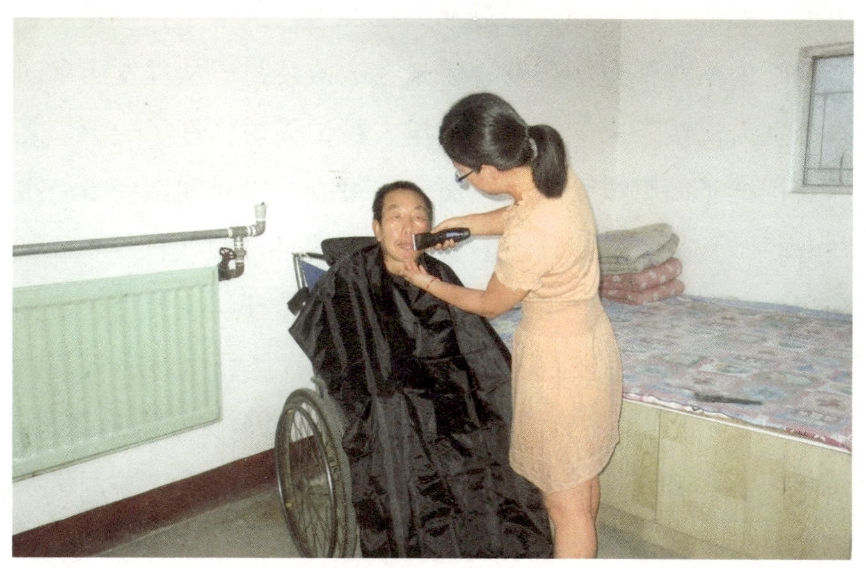

为养父刮胡子

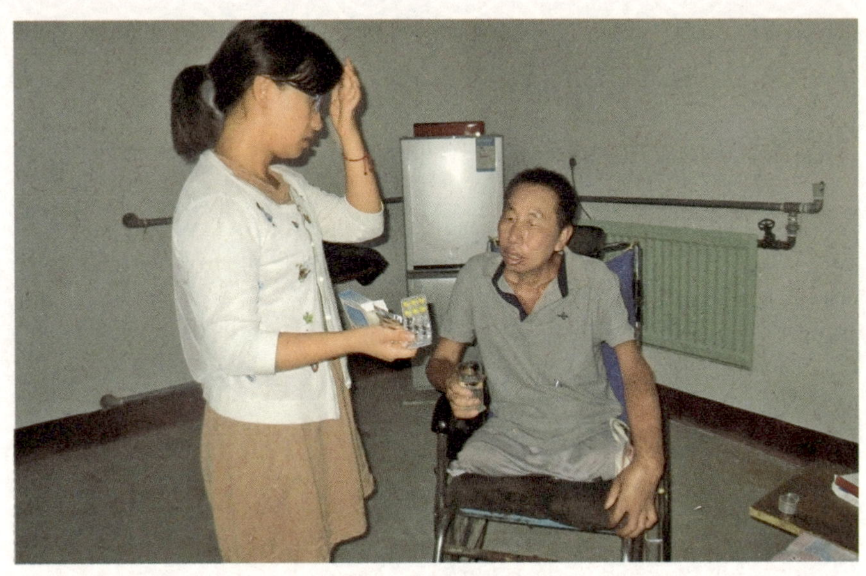

帮助养父吃药

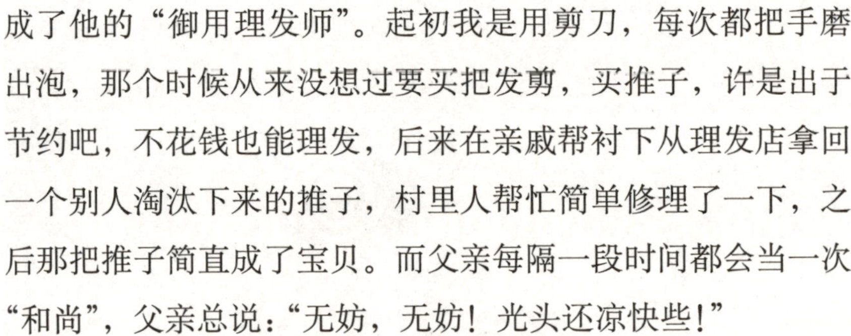

成了他的“御用理发师”。起初我是用剪刀，每次都把手磨出泡，那个时候从来没想过要买把发剪，买推子，许是出于节约吧，不花钱也能理发，后来在亲戚帮衬下从理发店拿回一个别人淘汰下来的推子，村里人帮忙简单修理了一下，之后那把推子简直成了宝贝。而父亲每隔一段时间都会当一次“和尚”，父亲总说：“无妨，无妨！光头还凉快些！”

到了夏天，天气炎热，父亲尤其爱出汗，我便每天帮他洗澡，他总说：“还是闺女好，洗完澡就是舒服，睡觉都睡得香！”但是到了冬天洗澡简直成了老大难！家里没有条件，每年冬天我都推着轮椅步行带父亲去邻村澡堂洗澡，父亲总是拒绝，我知道他是觉得我会很辛苦。有一次，我推父亲像往年一样去洗澡，这家澡堂却断然拒绝了我们，理由是父亲是残疾人，发生意外他们负不起责任，我再三请求，老板依然不同意。回来后的第二天，我坚持步行近一小时带父亲去了更远的一家澡堂，父亲借口说是怕冷，执意不肯去，我给他戴上帽子，系好围巾，穿上羽绒服，顶着北风带父亲洗澡，一路上，我们赢得了很高的回头率，但我并不以为然。在好心人劝说下，老板娘终于同意我们在澡堂单间以每小时20元的价格收费，父亲节俭惯了，这20元在他看来真的难以接受，但我还是执意将他背进了澡堂。

贫困让我懂得节约，集市上出售的蔬菜并不便宜，父亲就主张在家里的小院种上常吃的蔬菜，但他下不了地，这些工作便落在了我的头上，翻地、种菜、收菜忙得是不亦乐乎。每每和同学同事提起我家的蔬菜的时候，他们总会说："哇，你好棒！连蔬菜都会种！"听到赞扬心里总是美滋滋。

奶奶过来住的日子，我也经常陪奶奶聊天，给奶奶做可口的饭菜，帮奶奶清洗衣服和被褥，给奶奶洗脚、剪指甲，给奶奶按摩、翻身。

2011年，我顺利完成学业回到北京，参加了很多场招聘会，当时也被几家专业对口、工资较高的单位录取，然而我反复掂量，为了照顾父亲和奶奶还是回到了顺义，来到了一家离家较近工资较低的企业。如今更换了一家离家更近薪资待遇更好的单位，全家也在区、镇、民政科、村委会以及家人和邻居的帮衬下翻建了危房，并置办了洗衣机、冰箱等家用电器，尽管家里还有些债务，但我相信，我和父亲的努力

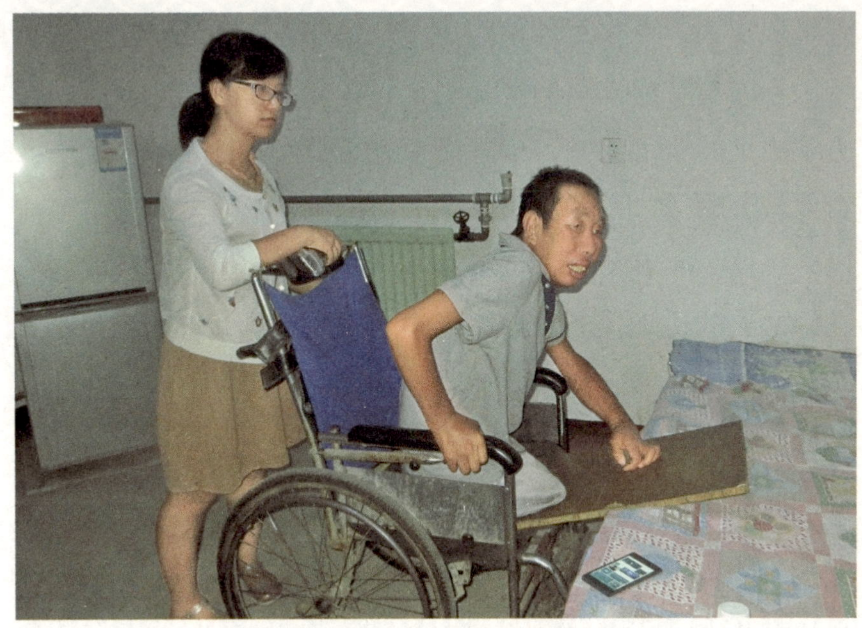

用轮椅推着行动不便的养父准备出门

一定会让生活更加美好。

笑容是我最常用的表情，生活的艰辛不仅给予了我坚持不懈，永不放弃的信念，父亲无私的爱更让我感受到父爱如山的力量。

［热心公益］

卢沟桥上的义务讲解员——郑福来

郑福来，1931 年生，丰台区宛平城地区宛平社区居民。作为卢沟桥事变的亲历者，他从新中国成立后，就一直是卢沟桥抗战史的义务讲解员，有时一天要带参观者走三四趟。他还多次去军营、学校、政府机构和企事业单位进行免费演讲，到抗日战争雕塑园培训讲解员，耄耋之年仍在坚持。

从卢沟桥东到卢沟桥西长266.5米，从宛平城东到宛平城西长640米……从1951年他接待了美国友好人士、著名记者作家爱泼斯坦开始，在这段将近1公里的反映中国人民抗日战争历史的路上，现年83岁的郑福来已经数不清走过

在家里又一次开始整理自己的讲稿

了多少趟，多的时候，他一天要冒着酷暑，带着参观者走上三四趟。

“抗日战争胜利 65 周年，仅 8 月份前后，我就接待了不下 40 家的国内外媒体。”在郑福来的家中，他拿着一叠厚厚的名片说：“记者来采访了，问我能跟他们上桥上城墙吗？大桑拿天的，我二话没说就去了。这是我们亲历过‘七七事变’的人应尽的义务和责任。”老人说，“那段苦难的历史一直印在我的脑子里，我活一天就要讲一天，能活到 100 岁，我就讲到 100 岁！”这么做不为别的，就为了让我们中国人能牢记这段历史，奋发图强，为祖国多做贡献。

最难忘记的，日寇的野蛮侵略

1937 年 7 月 7 日夜，密集的枪炮声把年仅 6 岁的郑福来从睡梦中惊醒。“我睁开眼一看，外面黑洞洞的，还以为是日军在演习。”郑福来回忆道，他早晨起来刚要出门，却看到一枚炮弹在自家北房西侧爆炸。他明白，日本人打进城了！头一天还在一起玩耍的 10 岁小伙伴四春子，被炮弹炸开肚子，离开人世。奶奶让郑福来顶着锅盖往五奶奶家跑，到背静的矮房里躲避。战斗持续了很多天，宛平城里到处都有炮弹落下。房子都被震漏了，实在没法待了。他跟着母亲，混在人群里逃难，从涿州到保定府再到固城，最后到了

接受采访

一个远房姨家。7月29日，北平沦陷。此时，由于身在异乡、没吃没喝，郑福来母亲做出一个冒险的决定：回家。“回家的路上，尸体遍地。”郑福来说，他和妹妹、表弟几个孩子手牵着手，大人让他们闭着眼睛走路，千万别看。由于年龄小、好奇心强，郑福来还是睁开了眼睛，“成堆成堆的死人，男女老少都有，有的还被开膛破肚，全是被日军杀死的！都是无辜百姓啊，鬼子太可恨了！”讲到这里，郑老握紧拳头，两眼圆睁，嘴唇颤抖。

最可贵的，分清敌友爱憎分明

他说，日本人民和日本军国主义是两回事，要区分开来。曾经有一个日本人来参观，在村西指着不远的岱王庙问：这是什么地方？郑福来告诉他：“这曾是日军的军营。我小时候经常看到日本人排着队从这里出发，到处杀人，无恶不作！”那人说：“我们日本人不会无故杀人的！”他的意思是中国人不反抗他们就不会杀人。“野狼到你家里撒野，强盗到你家里抢劫，你反不反抗？”郑老毫不留情地反驳。那个

作为义务讲解员向参观者讲解

带着大家向先烈敬献鲜花

日本人直点头，“你说得对！”

一次，一个长方脸的日本老人由领导陪着来了。在村西头刚下车，那日本人就说：“变化可真大呀！”郑福来十分警觉地追问：“你来过吗？”那日本人支支吾吾，分明是当年的鬼子兵啊。郑福来心里清楚，战争年代也有不少日本兵投诚中国，这个人现在能由领导陪着来，说明是友好人士。他大声说：“中国人民和日本人民是友好的，我们分得清谁是敌人谁是朋友，侵略中国是军国主义分子干的。”这个日本人听后，向郑老深深地鞠了一躬。

最欣慰的，传承历史后继有人

郑老当义务讲解员这么多年，去军营、学校、政府机构和企事业单位演讲，从不收钱。他一有空就培养“徒弟”，多次到抗日战争雕塑园培训讲解员。

近年，郑福来养成了用写诗表达的习惯。“每次看到日本否认侵华历史的新闻，我就记录下来，把感受写成诗，现在都已经很厚一摞了，将来我要把它交给后人。”日本最近解禁集体自卫权的新闻，郑福来也看到了。一次给部队官兵讲解时，他紧皱眉头说：“日本右翼势力不仅要否定历史，还磨刀霍霍。我们一定要提高警惕！”“不过，我国国力强盛了，日本右翼势力再敢挑起战争，咱们就老账新账一起算！”

郑老讲解已经出了名。一次，十多名东南亚华侨来参观，专门找郑福来讲解。原来，是其他华侨推荐的。郑老为北京科技大学的学生做义务讲解后，该校学生会专门寄来感谢信，感谢郑老让他们了解到一些历史的细节。中央电视台的一名主持人采访后说：“郑老啊，像您这样的老人就是国宝，您一定要好好活着！”

最让郑老津津乐道的，是不久前一次乘出租车的经历。上车后，司机得知目的地是宛平城时，自豪地介绍说：“我年轻时到那里参观，一个镇长给我义务讲解抗战史，我到现

在故事会上讲宛平轶事

在还记得清清楚楚。”一路上，郑老没有说一句话，安静地听着司机生动的讲解，脸上露出欣慰的笑容。他知道，司机口中的“镇长”就是自己。

让郑老欣慰的是，那段血泪史就像宛平城墙上的弹痕一样，已深深地刻在每一个中国人的心里。

［热心公益］

老英雄严格律己 爱心捐赠八十多万元——王福昌

王福昌，1915年生，总参某部副军职离休干部。2015年，王福昌一百岁，是位伤残抗战老英雄。他省吃俭用，累计为灾区捐款八十多万元；有资格使用四万多元的进口假肢，但坚持用四千多元的，小腿残端有时被磨得感染出血；专车只在自己去看病时用；签了遗体捐献协议，还要捐献身后所有剩下的生活费。

王福昌，1915年12月出生，河南太康人，1938年7月参加革命，1938年10月入党，1938年12月入伍，1981年4月离休，离休前为工程兵机械学校副校长，现为总参某部北京第八干休所副军职离休干部。参加过抗日战争、解放战争和抗美援朝，参加过百团大战、延安保卫战、四平攻坚战、三下江南等战役，因负伤失去左腿被评定为二等甲级伤残军人，曾获三级独立自由勋章、三级解放勋章、独立功勋荣誉章。

在车公庄附近总参某部北京第八干休所，住着这样一位百岁抗战老兵：他平时省吃俭用，身上的涤卡中山装已穿了四十多年。但他关注地震灾区、关心老家小学教学条件、助力航天事业、支援西部建设、交纳特殊党费……至今已累计捐款八十多万元。

一件中山装穿了四十多年

随着生活条件的不断改善，论职级待遇，王福昌本可以坐享清福，可他没有这样做，衣服领子磨破了，就翻个面，缝补好接着穿。仍保持俭朴的作风，王老常穿的涤卡中山外套，是老伴缝制的，已穿了四十多年。

现在年轻人或许不解，为何王老能享受的却不享受？该享受的待遇还推脱不要？为什么经历了战争年代的他在当今却是如此“不合时宜”？王老说，苦过、累过，死都不怕，少享受又算得了什么！

三下江南战役中，面对敌人火力封锁，王福昌在枪林弹

在北京航天飞行控制中心留影

雨中，将炸药包塞进敌人碉堡，为部队炸开了一条血路；他曾是八路军129师工兵连的一员，为了给陕甘宁边区运送粮食，先后冲过三道封锁线，一夜急行军180多里，但他和战友们没一个喊累，没有丢失一袋粮食……他问孩子们：难道就一定要用享受来充实自己的生活吗？

专车从不让子女使用

解放战争时期，在“三下江南，四保临江”战役中，已是吉林军区工兵主任兼工兵营长的王福昌带领战士冒着零下三四十摄氏度的严寒，在冰天雪地里隐蔽歼敌，由于潜伏时间较长，加上御寒装备不足，他的左踝关节严重冻伤，不得不截去了左下肢。

如今，按职级待遇，他可以使用舒适性好的进口义肢，但价值四万多元，王老不管子女怎么劝说就是不换，坚持使用四千多元的便宜义肢。可廉价义肢笨重粗糙，经常把小腿残端磨得感染出血。最终子女们只能瞒着他，自费配了个舒适轻便的假肢，解决了残肢感染的问题。按规定，王福昌配有专车，但除了去医院看病，他很少使用，子女想用更是门也没有。王福昌常教育家人说：“我省些油，就能让部队的装备跑得更远些。”

和家人在北京航天飞行控制中心留影

为家乡学校捐款

自 2000 年以来，老人已连续 8 次交纳特殊党费，累计 25.5 万元，这笔特殊党费饱含着老人对党的深厚情怀。在他写给党组织的一封信中，有这样一段话，“我今年 99 岁了，受党培养教育 76 年，目睹了党的发展壮大、祖国的日益强盛，如今年龄大了，不能为党工作了，只能以交纳特殊党费的方式表达对党和军队的特殊感情、支援国家和军队建设。”

当汶川地震灾民有难时，他心里非常难过和焦急，毫不犹豫从积蓄中拿出两万余元支援灾区重建。

当得知老家遭受旱灾，他赶忙又拿出5万元钱汇给河南省太康县马头镇，委托镇政府购买灌溉机具和柴油，发放到农户手中，以解燃眉之急。

一次偶然的机会，他从家乡亲戚口中听说家乡马西小学校舍条件简陋，他非常惦记，急忙向校方汇去5万元。他告诉记者："我年轻时家里非常贫困，当时只有上师范学校是免费的，是师范学校培养了我。我对教育非常重视，这能改变一个人的命运。"

为抗战馆捐献

几年前，王福昌参观了鸟巢和水立方，还参观了航天城，他在观后感中写道："看到祖国强盛，心里真高兴。"他为国家的每一点进步欢欣鼓舞，他关心西部建设和航天事业，陆续捐款40万元。

前不久，上级领导看望慰问他时，老人深情地说："如果我能活到建党100周年，我将把余下来的生活费全部捐献给党和人民。"他还签了协议，将自己的遗体捐献给祖国医学事业。

这么多年来，老人省吃俭用，积攒的钱大部分都捐献了出去。6月1日单位刚刚发了工资，他又准备把凑齐的10万

和杨利伟合影

元捐献给中国人民抗日战争纪念馆，表达一名抗战老兵爱党爱国爱人民的真挚情怀。有人问他为什么不把钱留给儿女，他说："我不留金、不留银、不留钱，只给儿女留精神！"

[自强不息]

无臂设计师 剪纸艺术家——夏虹

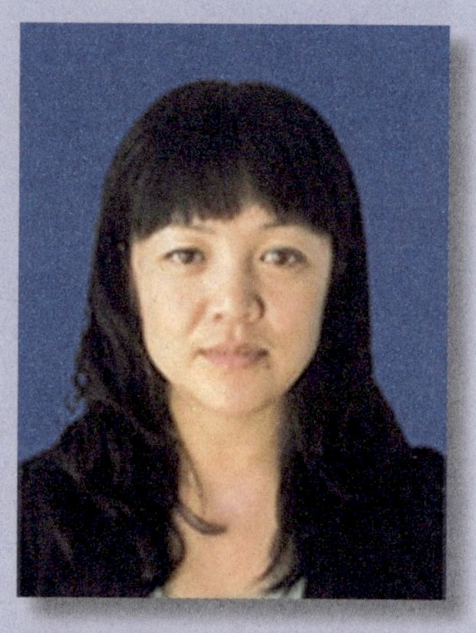

夏虹，1977 年生，昌平区霍营街道龙锦东一区居民。7 岁时因车祸失去了双臂，以坚强的毅力和乐观向上的人生态度面对生活，用双脚学习、运动、创作，曾 4 次参加黑龙江省和全国残运会，获得 3 项冠军。自学完成了初、高中课程，并被录取为广告设计专业的大学生，成了剪纸能手。还经常参加公益活动，帮助别人。

用双脚和命运赛跑，靠自学完成学业

1984 年的一天下午，夏虹和姥爷去镇上看运动会，过马路的夏虹忽然被一辆运粮车从身上轧过，当时年仅 7 岁的她被无情地夺去了双臂。

没有了翅膀的夏虹开始用双脚与命运赛跑，她曾 4 次参加黑龙江省和全国残运会，在 400 米、800 米和跳远比赛中获得 3 项冠军。当回忆起这段运动生涯时，夏虹的脸上露出了自豪的笑容。“现在有时候我还会在想，如果我能够再年轻 10 岁，说不定还能够参加残奥会。”夏虹说：“我的身体虽然有残缺，但是我不想成为一个依靠父母和社会的双重残疾人。”

除了努力奔跑之外，她用了 7 年的时间靠双脚自学完成了初中、高中的全部课程。1999 年 11 月，在爱心人士的帮助下，夏虹通过黑龙江省三江美术职业学院特批，正式成为该校广告设计专业的一名大学生。

“其实在录取前，学校对我还有过一次‘考试’。报到当天，在王英海院长和老师们面前摆着6只水杯，我用单脚拎起水壶往水杯里倒满开水。这是为了证明我可以自理，好在我都轻松搞定!”不过，因为没有任何绘画基础，夏虹只能脚拿画笔从线条练起……一个月以后，夏虹才完成第一幅画。但她体会到，只要努力去做，没有克服不了的困难。生活上，穿衣、吃饭、洗脸、梳头、写字，夏虹都独立完成。在学院里她是学生会干部，也是广播站编辑和主持人，她的乐观和开朗感染了周围的老师和同学们。

用脚作画

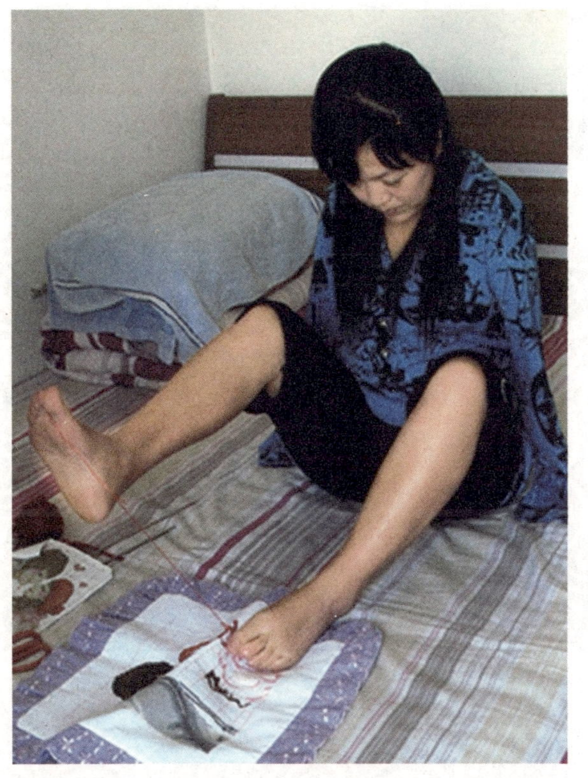

用脚刺绣

剪纸绝技折服 APEC“太太团”

从 2010 年起，夏虹开始学习剪纸。当年 5 月，上海世博会生命阳光大厅，她精湛的剪纸和针织才艺引来无数中外友人的喝彩；此外，夏虹还在一系列残疾人职业技能大赛中获得大奖。随着知名度的提升，夏虹的经历被越来越多的人所熟知，而她也成了剪纸圈公认的巧匠。

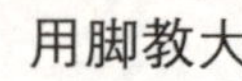
用脚教大家剪纸

2014 年 8 月，北京市残联通知夏虹向 APEC“太太团”展示剪纸技能。为此，她专门设计了一幅由和平鸽、康乃馨及心形图案构成的剪纸创作——“同在蓝天下”。“我用脚将剪纸的一角递给彭丽媛，我们一起向大家展示了作品，到场的夫人们都鼓掌称赞!”夏虹回忆，她还和张海迪提议，教夫人们学习中国剪纸，并将印有蝴蝶图案的红纸分给大家练习。“马来西亚总理夫人让翻译告诉我，希望我到马来西亚教剪纸。”

夏虹回忆说，彭丽媛将她事先剪好的“福”字，送给在场的夫人们，边送边用英语向她们介绍中国传统文化中“福”

字的寓意。简短的互动后，夫人们走到下一个展台观摩，而彭丽媛又返回来拥抱了夏虹并说："听说你现在在做很多公益的事情，非常棒！"

希望建立自己的公益事业

"刚来北京的时候生活比较艰苦。"夏虹回忆："刚到北京

还是一名残疾人志愿者

的时候，只能住在一所平房里，冬天的时候因为没有暖气特别冷。”夏虹觉得，这些年来爱心人士的鼓励给了她特别大的帮助，“正是因为他们的爱心，才让我学会了怎么去爱别人、爱生活。”夏虹说：“我要将这份爱传递下去。”在2013年，夏虹加入了北京市慈善义工协会，正式成为了一名慈善义工，并经常参加协会组织的公益活动，帮助别人。

在阳光儿童康复中心，夏虹经常去那里教孩子们剪纸。“孩子们都非常可爱，我们应该在他们小的时候就教给他们积极地面对生活。”夏虹说：“每周我还会去一些养老院、福利院去陪伴那些老人和孩子们。”

现在，夏虹正在筹备建立自己的公益团体，让自己成为一名专职的公益从业人员。

2015
北京榜样
特别奖

［敬业奉献］ 高宝来

[敬业奉献]

驻区老民警五年护送小学生上下学 身患癌症仍坚守——高宝来

高宝来，1956 年生，北京市公安局海淀分局恩济庄派出所民警。五年来，每逢上学日的早晨 6 点半，他准时在海淀实验小学门前疏导车辆，维护秩序，护送孩子安全入校，孩子们亲切地称他为“警察爷爷”。2014 年 10 月，他身体出现不适，可为了工作一再推迟检查，直到 2015 年 2 月查出患有肺癌才被迫离开岗位住院治疗，学校师生闻讯后自发前去探望并捐款 36 万余元。2015 年 5 月，高宝来因病医治无效去世。

2015 年春季新学期开学，孩子们却没有看到那熟悉的身影。民警高宝来罹患肺癌住院的消息不胫而走，全校师生纷纷前往医院探望，孩子们还送上亲手制作的礼物，并自发捐款 36.4 万元。他们与“警察爷爷”深情相约：学校门前不见

护送小学生上下学

不散！然而，高宝来再也没能回到孩子们身边。5 月 22 日，从警 35 年的高宝来医治无效去世，终年 58 岁。告别仪式当天，海淀实验小学师生和众多社区群众沿途挥泪为他送别。新华社、《人民日报》等数十家媒体纷纷报道其感人事迹，引起社会强烈反响。6 月 3 日，时任中央政治局委员、市委书记郭金龙同志在北京市公安局调研时高度评价："警察爷爷高宝来，平凡岗位，感动人心。"同时要求首都公安机关结合正在开展的"三严三实"专题教育，大力学习宣传高宝来先进事迹和崇高精神。

做一个值得信赖的人

2011 年 1 月，高宝来被选任为北京市公安局首批驻区民警，面对新岗位，54 岁的高宝来充满信心。

上任之初，他首先破解了辖区内上下学高峰期拥堵的难题，消除了困扰老百姓多年的一块心病。海淀实验小学地处西三环花园桥辅路，每天早晚接送孩子的车辆临时停靠，把学校门前的道路堵得水泄不通，孩子们在滚滚车流中穿梭，人车混行险象环生。通过一段时间现场观察，高宝来发现了问题所在：家长都是将车停在路边，下车把孩子送进校门。高宝来心想，如果学校门前有一个让家长信任的人接手护送孩子，那么车辆就能即停即走，就能大大缓解秩序混乱状

护送小学生上下学

况，于是，高宝来每天6点半就来到学校门前，帮家长拉开车门接送孩子。起初，有的家长不太放心也不太理解他的做法，甚至颇有微词，但高宝来始终耐心细致，坚持不懈。时间一长，随着学校门前秩序明显改观，家长和老师们都认可和接受了这位热心负责的老民警。

拉开车门、接下孩子、关上车门，再把学生送到安全地带，每接送一个人，动作娴熟的高宝来只需要7秒，却让车辆停留时间大大缩短。雨天，他把伞撑在孩子头上，宁可自己的警服被淋透；雪天，他早早地来到学校门前清扫积雪，生怕孩子滑倒；每当发现因伤病行动不便的孩子，他都会背起来送进学校……5 年 900 多个上学日，他累计早起 1800 多个小时,40 多万次拉开车门接送孩子。春夏秋冬，寒来暑往，从没空过一班岗，从未发生一起安全问题，高宝来把一件平凡小事做了整整五年。五年来，学校老师早就把他当成了家人，家长和孩子们更是把他当成了亲人。高宝来用成千上万次简单的举动，在群众心中立起了一座信任的丰碑。

一个五年级的孩子在作文《一个令人尊敬的人》中写道："爱，是可以传递的，只需要一个小小的动作，就可以触动人们心底的那份温暖……警察高爷爷就是这样的人，他把爱传给了我们每一个人。"

护送小学生上下学

社区平安是我最大的心愿

高宝来负责的核二院、核情报所、304 医院三个社区均是老旧小区，紧邻西三环，人员流动性大，治安形势复杂。从高宝来接管社区的第一天起，就给自己立下了“军令状”——创建群众满意的平安和谐社区。他首先决定从自身做起，提高业务能力，争取群众信任。为了做实基础工作，他 54 岁开始学电脑，多年积累的社区资料存满了 8 个 U 盘，社区的大事小情记满了 9 大本工作笔记，工作台账多达 13 本，对社区情况了如指掌；为了随时接处警，他的单警装备始终保持性能良好，即使回所吃饭也从不离身；为了加强警民联系，他专门印制发放 1.2 万余张警民联系卡，手机 24 小时开机，即使节假日也守在社区，只要群众需要，他都随叫随到。

高宝来深知发动群众参与群防群治的重要性，首创了社区治安联勤防控机制，统一调动单位保安参与社区巡逻防控，并组建了一支六十余人的专职巡防队伍。2013 年冬天，海淀实验小学组织长走活动，人员多、路线长，仅靠学校保卫部门根本无法保证活动安全。高宝来立刻启动联勤防控机制，调动多方力量共同参与全程安保，不仅确保了活动圆满完成，防控机制得到了实战检验，更使平安社区建设实现了新跨越。为了巩固群防群治的安全基础，高宝来不厌其烦地找相关单位软磨硬泡，争取支持，并用心收集存储辖区发案监控视频，以成功案例说服领导加大物技防投入。2012年夏天，304医院被盗两台笔记本电脑，案件久侦未破。半个月后，派出所抓获一名入室盗窃的嫌疑人，高宝来得知消息后，迅速携带自己收集的视频资料前往比对，通过翔实的视频证据串并成功8起入室盗窃案件，不仅在辖区内轰动一时，更坚定了相关单位领导科技创安的决心。在他的全力推动下，社区新增、更换高清探头五百多个，基本实现了全覆盖、无盲区。

功夫不负有心人。2012年以来，高宝来的社区实现了连续三年发案大幅下降，特别是老百姓最为关注的侵财类案件，在2014年同比降幅达到85%。他的社区被评定为分局“免检放心社区”，他的警务室成为全市局公认的“模范警务室”，而高宝来也以他的执着和坚守，取得了分局唯一连续3年、36个月考核最优的佳绩。

一个警察就像一棵树

高宝来常说：“一个警察就像一棵树，扎根在哪儿，就要撑起一片天，为百姓遮风挡雨。”为方便老人出行，他主动联系施工队将坑洼不平的道路修好；为解决居民供暖问题，他连夜协调物业进行维修；为帮助丢失看病钱的外地大嫂，他自掏腰包3000元垫付了医药费……2012年腊月二十九，得知85岁空巢老人俞月容的保姆回家过年了，大年三十的晚上，他特意买来饺子陪大妈一起吃年夜饭。记载了五年的工作日志显示，高宝来甚至从来没休过节假日，更没在家过过一个踏实年，只要群众需要，他都随叫随到，成了有求必应的“大管家”和社区平安的“压舱石”。

2010年初，社区一对邻居因噪音问题发生纠纷，八十多岁林大妈被对方关门时夹伤了手，虽然派出所做了治安调解，对方也赔付了医药费，可大妈觉得想不通，后来又以对方涉嫌伤害为由反复上访。2011年高宝来接管后，立即登门开展矛盾化解，却被大妈连推带骂轰了出来。他没有打退堂鼓，反而成了大妈家里的常客。一年以后，他的辖区调整，不再分管这个社区，却仍放不下这起未化解的纠纷。只要有时间，他就带着新任社区民警入户调解。最后，连大妈的女儿都深受感动，帮着高宝来做工作。2014年3月，纠纷双方在4年后终于握手言和，林大妈感慨地说：“小高，这些年我骂过你、也打过你，但今天，我得谢谢你！”

让我再站最后一班岗

高宝来一家四口人挤在57平方米的两居室，他的爱人多年前就因患肝硬化从单位退休，需要长期治疗，经济负担很重。他平常舍不得花钱，每天穿的不是制服就是作训服，生活极为简朴，却从未因个人困难向组织提过任何要求。10年前，高宝来主动要求从治安总队支援基层到派出所工作，患有心肌梗塞、做过心脏支架的他，却始终干劲十足。2014年9月体检时查出肺部阴影，妻子逼着他去复查，高宝来嘴里答应，却骑车下了社区。11月，他咳嗽越来越频繁剧烈，但临近年底任务繁重，他仅靠药物控制，却始终没有离开岗位。从除夕到大年初二，已经说话困难的高宝来，还天天拎着灭火器在社区巡逻，生怕烟花爆竹引发火灾。初三凌晨，发着高烧的他接到求助电话，又连夜帮助居民疏通下水

执勤中

管道。直到正月初四，极度虚弱的高宝来才去了304医院，竟被确诊为肺癌晚期。住院期间，他还不断接听群众电话，并叮嘱战友帮他落实未完成的工作。新学期开学，已经接受化疗的高宝来一再请求主治大夫，让他再去海淀实验小学门前，再给孩子们站最后一班岗……

高宝来的这个请求最终没能实现，而陪着从没出过远门的爱人到郊区转转的心愿也没能实现，他也永远无法看到孩子们为他精心制作的儿童节贺卡……如今，每个上学日的早晨，海淀实验小学的门前仍然有民警替高宝来站岗，“高宝来示范岗”创建工作正在海淀区、北京市迅速开展，高宝来精神正在首都五万公安民警中薪火相传……

高宝来曾荣获北京市公安局“人民满意的公安民警”、“爱民模范”等荣誉称号。

2015
北京榜样
提名奖

[助人为乐] 唐子人 张津生 张广明 宋凤霞 郝秋晨 欧阳继华 张转玲

[见义勇为] 姜顺玉 郭建新 侯玉峰 周腾飞 陈 磊 李国福

[诚实守信] 刘学红 杨新兴 钟青林

[敬业奉献] 欧阳自远 李勇杰 曹 广 曹志刚 李 奇 黎晓新 李宏、王宏夫妇 张栗坤 姜 影 闵鹿蕾 张文新 杨 勇 张 超 林云志 高德强 石维新 刘 佳 沈向东 蓝天野 曹 毅 北京教育援助拉萨团队

[孝老爱亲] 吴立红 梁会兰 王升起

[勤劳节俭] 徐志军

[热心公益] 梅景田 朱敏才、孙丽娜夫妇 张 刃 王作垣 白云龙 赵 鹏 赵红程 张 梅 于立荣

[自强不息] 曹 雁

提名奖［助人为乐］

唐子人：挽救美国老人生命的“最美中国医生”

北京榜样 2015

唐子人，1971 年 7 月生，首都医科大学附属北京朝阳医院急诊科副主任，主任医师。从事急诊危重症医学二十余年。曾在一线参加过抗击“非典”和玉树地震医疗救援活动，在抗击“非典”战役中，获得“北京市抗击‘非典’优秀个人”称号。曾在 2008 年北京奥运期间，担任沙滩排球场馆志愿者，获得“北京奥运会、残奥会志愿者先进个人”称号。2014 年 6 月，作为优秀中青年学科骨干，被北京朝阳医院公派出国在美国 weil 危重症研究所研修一年。2015 年 2 月 22 日，到美国圣地亚哥海洋世界游玩时偶遇游客呼救，即刻实施心外按压等抢救措施，挽救了一位美国老人生命，被誉为“最美中国医生”。

张津生：高空救人命　拒收万余元酬金

张津生，1942 年生，通州区梨园镇居民。他外出总是随身带着硝酸甘油和神宁药液。2015 年 4 月，在飞往南非的航班上，有个外国男人突然发病。他确认此人和自己突发心脏病时的症状相似，便冒着风险出手，用这两种药救醒了那个外国人，并拒绝了对方 1.2 万元人民币的酬谢。

张广明：二十年接送盲人无间断

北京榜样
2015

张广明，1941 年生，丰台区宛平地区办事处宛平城社区居民。1983 年他结识了潘祖兰夫妇两位盲人，此后每周都抽时间帮他们做家务，给小潘理发，长达 8 年之久，直到两人退休。他还接送其他 3 位盲人上下班二十多年，从未间断。

宋凤霞：义务照顾一对耄耋老人长达三十年

宋凤霞，1961 年生，门头沟区龙泉镇水闸西路社区居民。自 24 岁起，她义务照顾同楼孤寡老人武爷爷夫妇长达 30 年，如今武爷爷已过百岁。她包揽了老人的全部家务活，年节更是买糖果送新衣。近年来在照顾自己患病公婆的同时，她依然坚持一手托两家。

郝秋晨："80 后"女医生无偿献"熊猫血"累计献血量超过 1 万毫升

北京榜样 2015

郝秋晨，1982 年生，通州区新华医院医生。她是"80 后"独生女，将献血当作自己骄傲的成人礼。她瞒着父母一次次无偿献血，得知自己是稀有血型后，随时听候血站的召唤。如今，她已累积无偿献血二十余次，紧急备血救人数十次，献血总量超过 1 万毫升，并且成为骨髓造血干细胞捐献志愿者。

欧阳继华：公益道路十年坚守

——从社会义务到人生使命

欧阳继华，1978 年生，中同律师事务所律师。2006 年成为德胜街道的一名社区公益律师，为居民提供免费咨询服务成了他不变的承诺。10 年来，他为居民咨询、调解案件、免费诉讼等，为群众减免和节省律师费数百万元，追讨追回经济损失上千万元。做公益讲座三百余场，约两万人受益。

张转玲：退休医生甘当“社区 24 小时家庭医生”

张转玲，1954 年生，大兴区中小学卫生保健所退休医生。退休后拒绝多家医院、诊所聘请，成为居民的“社区 24 小时家庭医生”。每天找她寻医问药的人络绎不绝，如遇病情严重的居民，她还会及时提供详细的诊疗信息等帮助。六年来，她 24 小时义务“出诊”，为邻居们服务一千余次。

提名奖［见义勇为］

姜顺玉：恪尽职守的保安队长

郭建新：奋不顾身勇救落水游客　毫不畏惧夺刀救人

侯玉峰：扑向火场的七旬共产党员

周腾飞：三次抢险救人的“最美少校”

陈　磊：生命之际　一念之间

李国福：“的哥”协警堵疯车　路捡手机交乘客

姜顺玉：恪尽职守的保安队长

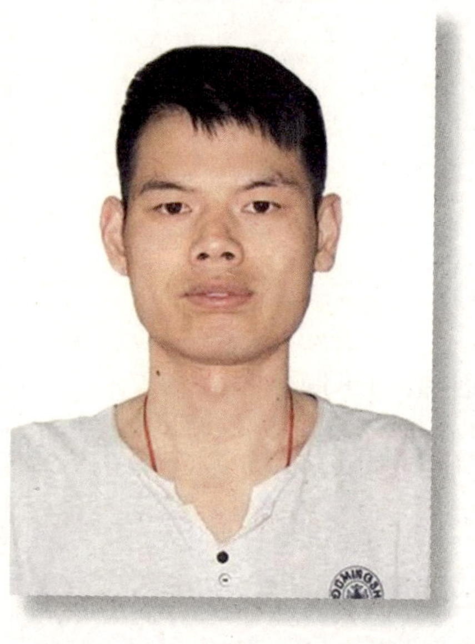

姜顺玉，1984 年生，北京市保安服务总公司崇文分公司保安中队长。2015 年 3 月 16 日晚在下班回家路上，碰到一名警察在抓捕嫌犯时发生撕扯，高声喊人帮忙。他马上冲上去，协助民警制伏了嫌犯。

郭建新：奋不顾身勇救落水游客 毫不畏惧夺刀救人

郭建新，1969 年生，东城区龙潭公园职工。2015 年 4 月 23 日早上，他在公园里听见有人在喊：“来人啊，有人落水了！”立刻跑到湖边，跳进水里，奋力把落水老人拖着向岸边游去，在游客和保安的帮助下，落水老人被拉上了岸。他还曾在公园赤手制服一名持刀行凶的歹徒，保护了游人的安全。

侯玉峰：扑向火场的七旬共产党员

北京榜样
2015

侯玉峰，1938 年生，西城区德胜街道裕中西里社区居民。2015 年初，玫瑰公园内的餐厅突然失火，他立即赶去救火，从餐厅二楼的厨房先后搬下 5 个天然气罐，大喊着指导二楼的人们逃生，用水浇灭楼梯的火苗，造出隔离带防止了火势蔓延。

周腾飞：三次抢险救人的“最美少校”

周腾飞，1983 年生，总参陆航学院某学兵队队长。2014 年 4 月的一个傍晚，他突然听到“有人落水了”的喊声，连忙循声跑过去，救起正在水中挣扎的小男孩，并和战友及时施救使其脱险。自己的腿却被磕伤，身上的贵重物品全被淹坏。他还曾从深水沟里救出因车祸昏迷的司机，在特大台风中主动抢险救灾。

陈磊：生命之际　一念之间

陈磊，1984 年生，北京市临空经济核心区管理委员会干部。2015 年 7 月 12 日，他与朋友在黑龙潭景区游玩，听到有人在水中呼喊救命，立刻跳进水里，成功将两名落水女孩救起，事后默默离开。当晚，两名女孩通过百度贴吧辗转找到陈磊表示谢意。

李国福："的哥"协警堵疯车　路捡手机交乘客

李国福，1971 年生，北京祥龙出租客运有限公司驾驶员。2014 年 6 月，朝阳交通支队民警在执勤时，被一逃逸面包车拖行四五十米，他见到后迅速驾驶出租车和路人一起，截停肇事车辆。他曾冷静周旋，抓获使用假币的犯罪嫌疑人。他还保护酩酊大醉的女乘客，多次送还乘客丢在车上的物品。

提名奖 [诚实守信]

刘学红：庙城镇的“金字招牌”

杨新兴：诚信经营小卖部不涨价　免费为孤寡老人送货上门

钟青林：诚信经营　回报社会

刘学红：庙城镇的“金字招牌”

刘学红，1967 年生，怀柔区庙城镇赵各庄村村民。2006 年，她成立种业公司，累计带动三百余户农户发家致富。2011 年，玉米种子质量出了问题，她为挽回农户损失，抵押自家住房，按原定价格收购种子，个人直接经济损失达二百多万元。

杨新兴：诚信经营小卖部不涨价 免费为孤寡老人送货上门

杨新兴，1959 年生，朝阳区团结湖新兴副食店店主。他始终信守承诺诚信经营，印制爱心卡，哪怕一瓶酱油都为空巢老人送货上门。“非典”期间，为稳定物价他高价进粮低价售出，他的两块安民告示牌已被首都博物馆永久收藏。

钟青林：诚信经营　回报社会

钟青林，1962 年生，北京市三林星鞋城经理。自 1989 年开始以一辆三轮车卖鞋起家，到现在拥有一百多平方米、上千款鞋的店面。他诚信经营、薄利多销，深受顾客的喜爱。因为是 RH 阴性 O 型血稀有血型，是“爱心之家”骨干成员，累计无偿献血 5600 毫升。

提名奖［敬业奉献］

欧阳自远：“嫦娥之父”的中国梦

李勇杰：用 17 年打造功能神经外科“中国队”

曹　广：离“埃博拉”最近的中国人

曹志刚：百分百侦破绑架案

李　奇：为“百年义利”重塑青春

黎晓新：“光明使者”让上万患者获得光明

李宏、王宏夫妇：医护夫妻患癌症　依然坚守第一线

张栗坤：全国“金话筒”最美“铁娘子”

姜　影：为艾滋病患者撑起梦想的天空

闵鹿蕾：铸造首钢男篮王朝之路

张文新：创新攻关数十项　年省资金上千万元

杨　勇：生命最后关头保住一车乘客安全

张　超：刀尖面前不含糊　“80 后”民警破案立功

林云志：轨道交通建设的智能专家

高德强：让烈士永垂不朽　让爱国精神传承不息

石维新：圆梦南水北调

刘　佳：忠诚“卫士”在平凡中演绎不凡

沈向东：30 年坚守临床一线　救治数千患儿

蓝天野：为党的文艺事业倾力奉献的老艺术家

曹　毅：“80 后”的刚毅交警

北京教育援助拉萨团队：北京优质教育送到西藏牧区孩子家门口

欧阳自远："嫦娥之父"的中国梦

北京榜样 2015

欧阳自远，1935 年生，中国科学院国家天文台高级顾问，著名地球化学与天体化学家，中国科学院院士，发展中国家科学院院士和国际宇航科学院院士。现仍在科研第一线辛勤工作。被誉为"嫦娥之父"，是中国首次月球探测工程的首席科学家。通过 10 年的系统论证，嫦娥 1 号、2 号和 3 号相继取得圆满成功。多年来出版大量科普书籍、做科普报告，激励青少年科学探索。

李勇杰：用 17 年打造功能神经外科“中国队”

李勇杰，1961 年生，首都医科大学宣武医院功能神经外科主任、北京功能神经外科研究所所长。17 年前，把代表着功能脑病治疗尖端技术的“细胞刀”技术引入国内，使帕金森病手术治疗的有效率明显提高，让数千例患者恢复了生活和工作能力。带领团队为中外功能脑病患者提供了最先进的治疗手段。

曹广：离“埃博拉”最近的中国人

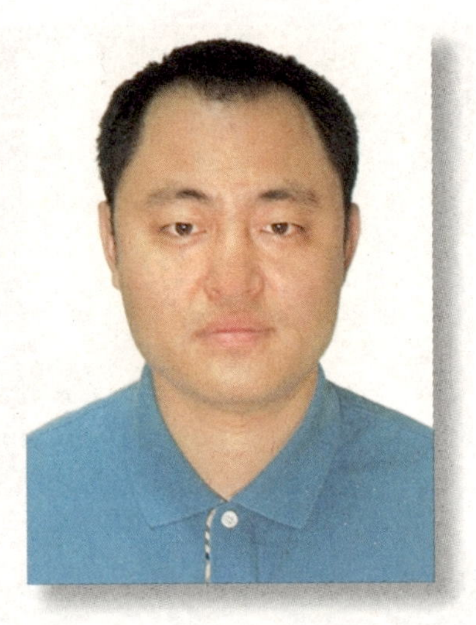

北京榜样
2015

曹广，1972 年生，北京安贞医院普外科医生。2014 年 3 月他在非洲国家几内亚援非医疗已经一年半，就在此时他接触并诊治了一名特殊的病人。这名病人后来被确诊为几内亚首都科纳克里第一位埃博拉患者。不幸的是，与曹广一起诊治这名病人的 6 位几内亚医护人员先后因感染而牺牲，曹广因为密切接触过这名病人，也被隔离。此时，埃博拉病毒开始在非洲蔓延，但中国距离非洲较远，还没有人员感染。而作为援非医疗队一员的曹广，成为 13 亿中国人中距离埃博拉最近的人。面对埃博拉的威胁，他在极其简陋的条件下，做了二百多台手术，赢得非洲人民称赞。

曹志刚：百分百侦破绑架案

曹志刚，1971 年生，北京市公安局第十总队副总队长。2006 年以来，共直面绑匪 423 名，解救人质 170 名，绑架案侦破率 100%，被誉为“绑匪克星”。参加公安工作至今，已经 23 年没有回家与父母一起过春节。

李奇：为“百年义利”重塑青春

北京榜样 2015

李奇，1961 年生，北京一轻食品集团有限公司董事长、总经理。他创造了十年面包产品销售规模增长 20 倍、利润位列同行业之首的业绩。2010 年，他全盘管理义利食品、北冰洋食品、京轻饭店等多家国有企业，让“百年义利”连锁店在京城四处开花。

黎晓新：“光明使者”让上万患者获得光明

黎晓新，1950 年生，北京大学人民医院眼科主任。她是 20 世纪 80 年代第一批“海归”。30 年来，凭借精湛的技术和勇于开拓的精神，推动了我国眼科诊疗技术进步。主持制定了我国第一个《早产儿治疗用氧和早产儿视网膜病变防治指南》，使国内早产儿视网膜病变防治工作得以顺利开展，北京地区病变发病率从 1994 年的 20.3％下降到 2015 年的 10.8％。

李宏、王宏夫妇：医护夫妻患癌症依然坚守第一线

北京榜样 2015

李宏，1964年生；王宏，1963年生，夫妇均为怀柔区第一医院医护人员。丈夫李宏患膀胱癌，就在自己做手术当天，作为外科主任的他还为一例胆结石患者实施了手术。三次癌症手术后，李宏坚持重新回到手术台前服务患者。妻子王宏身为护士长，也因为常年劳累患甲状腺癌，但二人依然工作在救死扶伤的最前线。

张栗坤：全国“金话筒”最美“铁娘子”

张栗坤，1983 年生，北京电视台节目主持人。自 2005 年开始，她先后担任北京电视台多档节目的主持人，并主持多台大型晚会，具有良好的口碑和影响力，被同事誉为“铁娘子”。积极参加公益活动，捐款捐物，资助贫困儿童和脑瘫患儿，累计个人捐款达几十万元，并通过自身影响力，呼唤社会关怀与帮助弱势群体，彰显媒体人的社会责任。

姜影：为艾滋病患者撑起梦想的天空

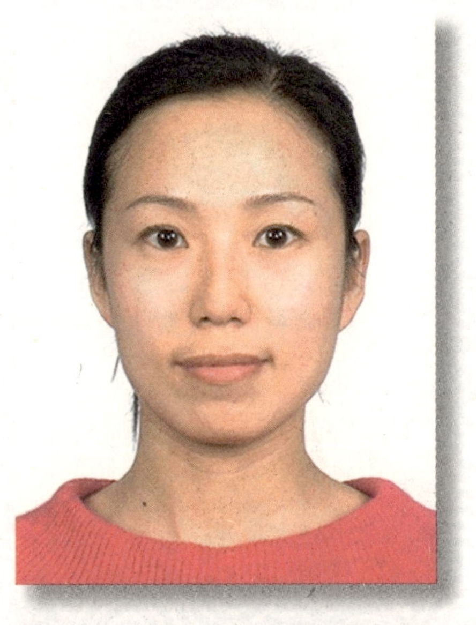

姜影，1982 年生，石景山区疾病预防控制中心艾滋病防治科医生。对艾滋病患者公开自己的手机号，倾听、抚慰患者。她帮贫困的艾滋病感染者解决治疗费用，去建筑工地、拘留所、娱乐场所宣传艾滋病防治知识、抽血检测，甚至与病人同吃同睡。

闵鹿蕾：铸造首钢男篮王朝之路

闵鹿蕾，1963 年生，北京首钢男篮主教练。五年前，正值北京男篮最低谷时，他重拾教鞭。他精心调配阵容，严格训练，用三年时间带领北京男篮获得 2012 年 CBA 总冠军，2014—2015 赛季他又带领球队卫冕成功，实现四年内三夺 CBA 总冠军，让北京男篮成为名副其实的王朝球队。

张文新：创新攻关数十项　年省资金上千万元

张文新，1966年生，北京电力工程公司副总工程师。热衷于技术创新，二十多年来攻克了一个个技术高地。以他的名字命名的职工创新工作室成立5年来，共有50项技术创新，其中48项已经运用到生产中，12项获得国家级专利，每年节约资金上千万元。

杨勇：生命最后关头保住一车乘客安全

杨勇，1974 年生，生前是北京 941 路公交车司机。2015 年 5 月 18 日上午，他驾驶公交车时突发心脏病，用最后的力气踩下刹车，把车子稳稳地停在路边，保住了车上二十多名乘客的安全，自己却晕倒在驾驶座上，后经医院抢救无效去世。

张超：刀尖面前不含糊 “80后”民警破案立功

北京榜样
2015

张超，1988年生，北京市公安局朝阳分局刑侦支队重案四队民警。从事重案工作两年，凭着韧劲先后参与侦破了重特大刑事案件56起。2012年，在抓捕正在作案的嫌疑人时，被刀扎伤了左胸，忍着剧痛同嫌疑人搏斗并将其抓获。

林云志：轨道交通建设的智能专家

林云志，1975 年生，中铁电气化局城铁公司总工程师。他是智能化轨道交通建设的技术领跑者，从理念创新到施工变革，从小改小革到模式升华，在轨道交通施工装备、施工工艺的研发和新技术推广应用等方面成绩突出，获得国家新型实用专利 6 项，取得创新成果 23 项。这些成果推动了城市轨道交通建设的技术进步。

高德强：让烈士永垂不朽　让爱国精神传承不息

北京榜样 2015

高德强，1957 年生，平北抗日烈士纪念园管理处主任。出生在革命老区，从小就对国仇家恨有深刻体会。他带领团队收集流传在民间的抗日斗争史料一千三百多个，并到当年平北地区下辖的 15 个县走访核实情况，还撰写了二百多万字的《海坨风云》，详细记录了发生在平北地区的一个个气壮山河、可歌可泣的英雄故事。

石维新：圆梦南水北调

石维新，1965 年生，市水利规划设计研究院副院长。27 年来，先后参与并主持四十余项大中型水利工程的规划设计和科研工作，其中一项获得全国金奖。担任南水北调北京段工程的总设计师近二十年，攻克了一系列极具挑战性的技术难题，设计建成世界上首个穿越特大城市核心区的大型输水工程。

刘佳：忠诚“卫士”在平凡中演绎不凡

刘佳，1989 年生，朝阳区奥运村街道办事处城管执法队员。2015 年“五一”期间，一伙游商赶着马车在行车道上叫卖水果，导致交通拥堵、秩序混乱。接到群众举报后，刘佳赶到现场耐心讲解，文明劝离，却被态度恶劣的不良商贩砍成重伤。危难关头，他还不忘请随同协管员疏散群众，保障大家安全，后经抢救脱离生命危险。

沈向东：30 年坚守临床一线　救治数千患儿

沈向东，1956 年生，生前是阜外医院小儿心脏外科主任医师。曾三次获国家科学技术进步奖，首都十大健康卫士，很多被视为“不治之症”的孩子经他治疗重获新生。把病人当亲人，常用自己的工资贴补贫困患者。主动把手机号留给病人，业余时间义务答疑解惑。即便在查出患肺癌后，仍给患儿做手术，坚持工作达半年之久。2015 年 1 月因病医治无效去世。

蓝天野：为党的文艺事业倾力奉献的老艺术家

北京榜样
2015

蓝天野，1927 年生，北京人民艺术剧院著名表演艺术家。他曾在《茶馆》《蔡文姬》等话剧中塑造过众多经典形象，2013 年获“中国戏剧”终身成就奖。离休后仍心系话剧事业，多年来为青年演员讲授戏剧表演理论和技巧。2015 年，88 岁的他再次执导《贵妇还乡》，因劳累过度、身体虚弱，边输液边排练，最终让观众领略了这部剧作的无穷魅力。

曹毅："80后"的刚毅交警

曹毅，1983年生，北京市公安交管局中心区交通支队三中队民警。他值守的府右街岗毗邻中南海，是勤务活动最繁忙地区。支队成立一年来，他妥善处置突发警情二十余起。2015年6月18日深夜至次日一早，他在高强度的状态下，圆满完成近三小时的一级勤务，而这是他长安街两万次勤务中的一个缩影。6月20日晚9点，曹毅在连续执行高规格勤务工作后，突发疾病抢救无效牺牲，年仅31岁。

北京教育援助拉萨团队：北京优质教育送到西藏牧区孩子家门口

北京榜样 2015

2014 年 8 月，北京市第一批援藏教师 52 人，远离亲人和家乡，在几千公里之外的雪域高原，经受着缺氧等自然条件的考验，打造一所藏区百姓心中的优质校。团队中有的年逾五旬，有的刚刚走出大学校门，有的新婚后夫妻双双来到拉萨。他们用无私的奉献，感动着拉萨人民。

提名奖［孝老爱亲］

吴立红：不离不弃带给丈夫新生

梁会兰：社区老人的女儿

王升起：照顾原配亡妻父母三十年　用行动诠释人间大爱

吴立红：不离不弃带给丈夫新生

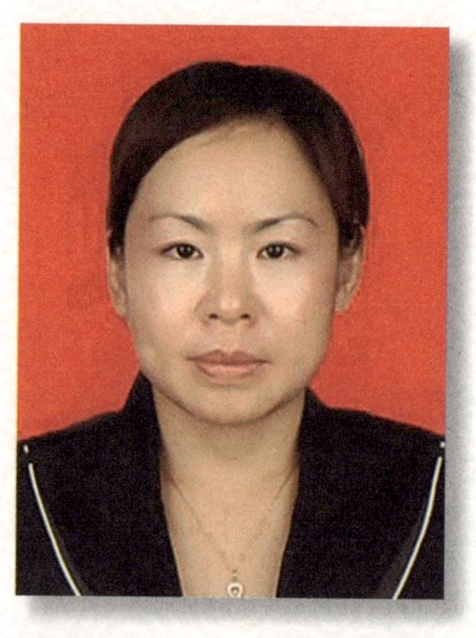

吴立红，1974 年生，中国交通建设集团有限公司三公司试验室主任。婚后一年，她的丈夫突然被查出患有恶性肿瘤，手术后高位截瘫，被宣布至多还能活 6 个月。她坚强地护理丈夫度过了化疗期，然后始终如一地照料丈夫的生活。经过 16 年的坚守，她的丈夫恢复了行走，并回到了工作岗位。

梁会兰：社区老人的女儿

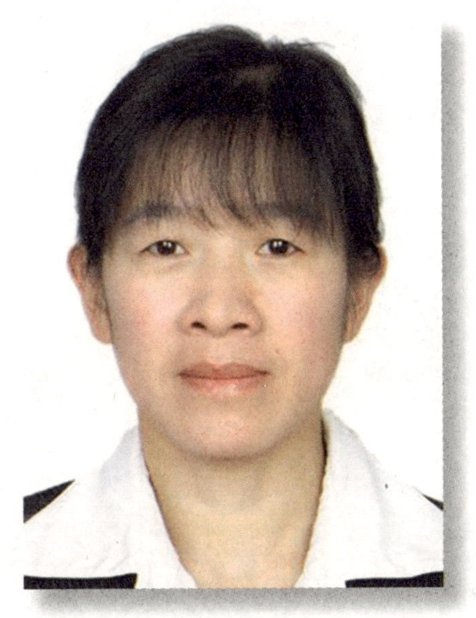

梁会兰，1976 年生，朝阳区八里庄东里社区助老志愿者。二十年如一日，先后帮助过十几位社区孤寡老人。她组织“会兰孝亲敬老服务队”为三百多位孤寡、空巢、残疾老人提供长期固定爱心服务。

王升起：照顾原配亡妻父母三十年 用行动诠释人间大爱

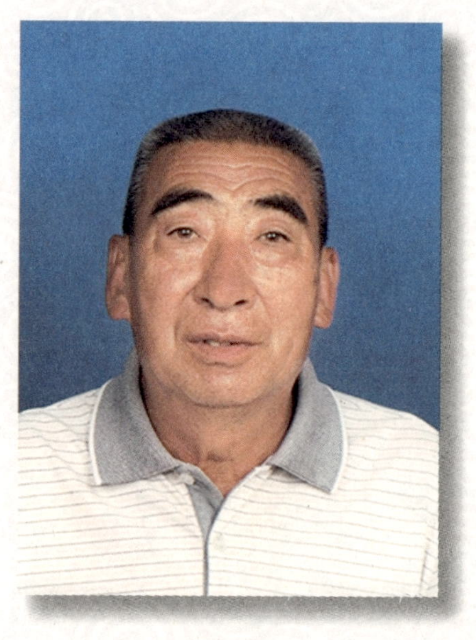

北京榜样 2015

王升起，1952 年生，首钢退休工人。他结婚 6 年后妻子查出血癌去世。他决定照顾好原配岳父母和两个孩子。后经人介绍，他与现在的妻子认识，两人一起照顾原配妻子父母和两个孩子。三十年来，他用实际行动诠释人间大爱。

提名奖［勤劳节俭］

徐志军：顺风侠，光盘客，大家叫他徐侠客

徐志军：顺风侠，光盘客，大家叫他徐侠客

徐志军，1970 年生，中国国土资源报社副社长。2013 年 1 月，他在微博发起了“光盘行动”，倡导网友珍惜粮食。在此前，他已持续一年多拍照发微博，呼吁和倡导吃光盘中餐、不浪费食物。他在微博上发出：“有一种节约叫光盘，有一种公益叫光盘，有一种习惯叫光盘。”微博一经发布得到众多名人和媒体的支持，“光盘行动”随即成为舆论热点。他还开免费顺风车长达 16 年。

提名奖［热心公益］

梅景田：坚持巡查古长城三十余年

朱敏才、孙丽娜夫妇：为了山里的孩子

张　刃：禁毒公益之路上的点灯人

王作垣：为百年职校献余热

白云龙：来自美国的“洋雷锋”

赵　鹏：小广告斗士

赵红程：21 年帮 10 名贫困孩子圆了上学梦

张　梅：创办“80 后”义工社　带动社区公益活动

于立荣：企业家的公益梦

梅景田：坚持巡查古长城三十余年

北京榜样 2015

梅景田，1944年生，延庆县八达岭镇石峡村农民。三十余年来，不管严冬酷暑，他坚持每月至少踏查四五遍古长城，愣是在荆棘丛中用镰刀砍出了一条路。遇到私刻乱画或乱扔垃圾的人，不惧威胁当面劝阻。还号召成立“村级”长城保护协会，让乡亲们都来义务保护历史文物。

朱敏才、孙丽娜夫妇：为了山里的孩子

朱敏才，1942 年生；孙丽娜，1954 年生，东城区东花市街道东花市北里东区居民。两人退休后，放弃了悠闲的养老生活，毅然奔赴贵州山区支教，一干就是 10 年。还为遵义县龙坪镇中心小学捐赠了 20 台电脑，并将 10 万元奖金捐给支教的小学。

张刃：禁毒公益之路上的点灯人

张刃，1970年生，北京社会心理研究所助理研究员。2004年10月，第一次以音乐心理治疗师的身份进入北京市强制隔离戒毒所，成为一名志愿辅导员，利用音乐治疗的专业技能，帮助成瘾者最终跳出毒品的黑洞。11年来，每周都会抽出时间，无偿为那些吸毒成瘾者做戒毒心理康复服务工作。

王作垣：为百年职校献余热

王作垣，1940 年生，清华大学退休教授。2005 年 5 月，担任中国第一所免费职业教育学校“百年职校”校长，对贫困农民工子女进行劳动技能教育。目前职校已拓展到武汉、南京、成都等地，一批批农民工子女因此受益。

白云龙：来自美国的“洋雷锋”

北京榜样
2015

白云龙，1967 年生，朝阳区三里屯街道幸福一村社区居民。作为来自美国的“洋女婿”，2008 年加入“三里屯外国人志愿服务团队”，义务教授英语、参与公益活动，被誉为“洋雷锋”。

赵鹏：小广告斗士

赵鹏，1946年生，朝阳区六里屯街道道家园社区居民。退休那年，她发现路边的小广告多了起来，并蔓延成城市“牛皮癣”。对北京感情深厚的赵鹏看到小广告就忍不住给拽下来，到后来，清除小广告就成了习惯。二十年来，赵鹏清除的小广告有十几万张，上交给城管部门的电话号码有上万个，被称为“小广告斗士”。

赵红程：21 年帮 10 名贫困孩子圆了上学梦

赵红程，1969 年生，西城区地方税务局干部。1993 年，从资助一名男孩上学作为结婚纪念，开始了她的爱心助学之路。二十多年来，她连续资助了北京和边远地区 10 名贫困孩子读书学习。其中一位母亲残疾、父亲重病的女孩，在她鼓励关爱下考取了首都师范大学。

张梅：创办“80 后”义工社　带动社区公益活动

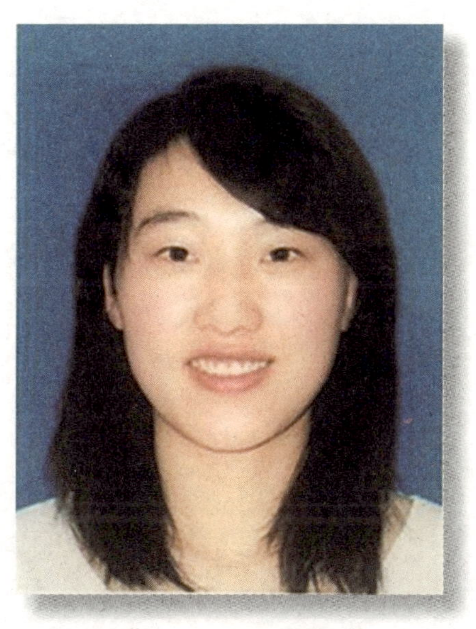

张梅，1985 年生，顺义区社区青年汇专职社工。她创办“80 后”义工社，带动社区 108 名义工开展了五百余次公益活动。先后出钱出物五万余元，扶贫济困、帮老助残，为他们理发、维修电器、法律援助、介绍职业，还开展“便民小挂袋”、“让空巢充满爱”、“亲情速递”、“蒲公英社区公益行”等活动。

于立荣：企业家的公益梦

于立荣，1975年生，北京凌盛集团董事长。从2007年开始，每年资助教育和公益事业，包括捐助平谷一小学改善教学条件；拿出300万元成立北京联合大学奖学金，帮残疾人实现梦想；成立北京凌盛爱心公益基金会等。致力于做一个慈善事业的推动者，8年来投在教育和公益事业上的钱超过5000万元。

提名奖［自强不息］

曹　雁：残疾人创办爱星特长学校　帮助残疾人学技能就业

曹雁：残疾人创办爱星特长学校
帮助残疾人学技能就业

北京榜样 2015

曹雁，1960 年生，西城区爱星特长培训学校校长。自幼双下肢残疾，26 岁时又遭遇车祸，只能靠轮椅行动。但凭借顽强的毅力自学完成了大学专科到研究生的全部课程。热心公益事业，创办了全国首家残疾人心理咨询中心，三十年来不间断助残帮困，服务人次超万人，被残疾朋友们视为“身边的知心姐妹”。

后　记

《平凡中的力量——北京榜样主题活动五周年人物风采录》是“北京榜样”大型主题活动开展五年来的集中成果展示，为响应《中共北京市委关于开展向“北京榜样”优秀群体学习活动的决定》精神，由人民出版社出版发行。在丛书编辑过程中，我们成立了编委会，统一协调各项工作。为了使本书顺利出版，中共北京市委宣传部、首都精神文明建设委员会办公室、各区县精神文明建设委员会办公室等有关单位给予了大力支持；李恒、夏青、杜维伟、张程、孙旭同志对编辑撰写提供了宝贵的意见；北京艺品联盟文化传媒有限公司做了大量的联络协调工作；人民出版社的领导及其有关同志在编辑出版过程中花费了很大精力；热心公益事业的福建永定籍书法家游鸿增同志为本书题写了书名。在此，对所有参加此项工作并付出劳动的单位和同志们、朋友们致以由衷的敬意和深深的感谢。

由于我们水平有限，书中难免出现疏漏和错误，望请大家不吝指正。

本书编委会

2019 年 3 月